江苏省道路运输从业人员素质教育系列丛书

道路客货运输驾驶员继续教育培训教材

适用类别

道路旅客运输驾驶员
道路货物运输驾驶员

本书编写组　编
江苏省交通运输厅运输管理局　审定

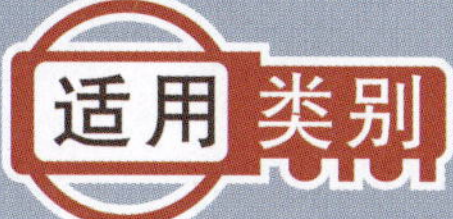

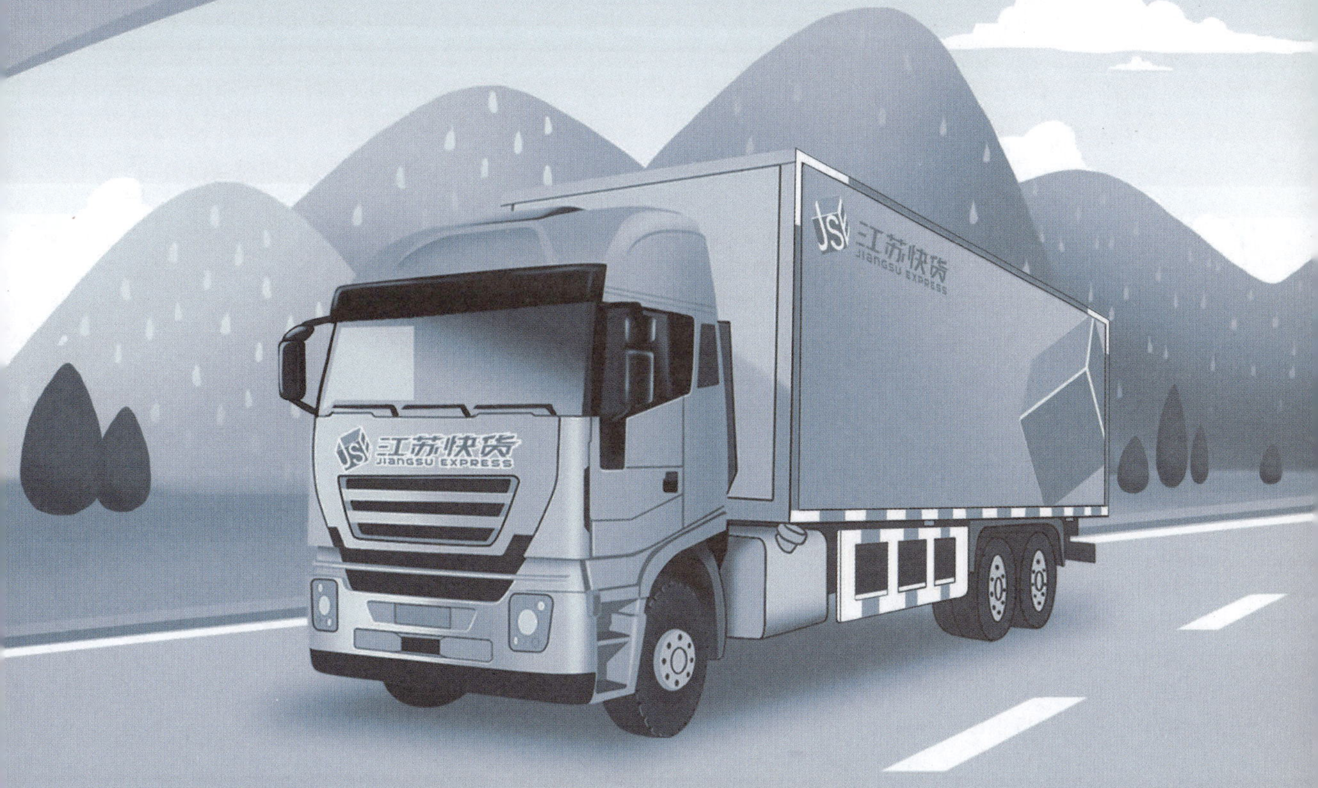

人民交通出版社股份有限公司
China Communications Press Co.,Ltd.

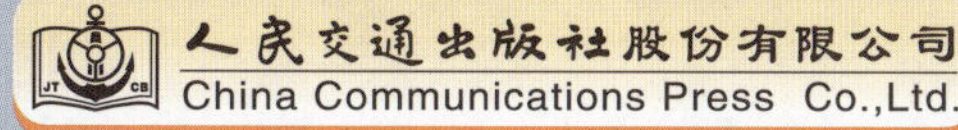

内 容 提 要

本书是依据交通运输部发布的《道路客货运输驾驶员继续教育大纲》（交运发〔2011〕475号），并结合江苏省道路客货运输行业的特点编写而成。本书主要内容包括道路运输法规政策、道路运输驾驶员的社会责任与职业道德、道路运输驾驶员的职业心理和生理健康、道路运输车辆使用常识、道路运输行车危险源辨识、防御性驾驶方法及不安全驾驶习惯纠正、紧急情况应急处置、道路客货运输知识、道路运输节能减排知识等。

本书不仅可作为道路旅客运输驾驶员和道路货物运输驾驶员继续教育的培训教材，也可供道路旅客运输驾驶员和道路货物运输驾驶员自学使用。

图书在版编目（CIP）数据

道路客货运输驾驶员继续教育培训教材 / 《道路客货运输驾驶员继续教育培训教材》编写组编. — 北京：人民交通出版社股份有限公司, 2017.1

ISBN 978-7-114-13630-6

Ⅰ. ①道… Ⅱ. ①道… Ⅲ. ①道路运输—客货运输—驾驶员—继续教育—教材 Ⅳ. ①U471.3

中国版本图书馆CIP数据核字（2016）第322204号

Daolu Kehuo Yunshu Jiashiyuan Jixu Jiaoyu Peixun Jiaocai

书　　名：道路客货运输驾驶员继续教育培训教材
著 作 者：本书编写组
责任编辑：钟　伟　董　倩
出版发行：人民交通出版社股份有限公司
地　　址：（100011）北京市朝阳区安定门外外馆斜街3号
网　　址：http://www.ccpress.com.cn
销售电话：（010）59757973
总 经 销：人民交通出版社股份有限公司发行部
经　　销：各地新华书店
印　　刷：中国电影出版社印刷厂
开　　本：787 × 1092　1/16
印　　张：8.5
字　　数：196千
版　　次：2017年1月　第1版
印　　次：2017年1月　第1次印刷
书　　号：ISBN 978-7-114-13630-6
定　　价：32.00元
（有印刷、装订质量问题的图书由本公司负责调换）

前言

随着社会经济的快速发展和人民群众出行需求的不断增长，道路运输业得到了快速发展，在现代综合交通运输体系中发挥着重要的作用，为我国经济建设提供了重要的保障，成为国民经济的重要产业。道路运输在为人民群众提供方便、舒适、快捷的出行和运输服务的同时，也因道路交通安全事故而带来了一定的负面影响，尤其是重特大道路运输事故的发生，严重危害了人民群众的生命财产安全，影响了社会的和谐稳定。

道路客货运输驾驶员安全意识的强弱、职业道德和职业技能的高低，是影响道路运输安全的最关键因素。为进一步提高江苏省道路客货运输驾驶员队伍的综合素质，保障运输安全，改善运输服务质量，本书编写组依据交通运输部发布的《道路客货运输驾驶员继续教育大纲》（交运发〔2011〕475号），并结合江苏省道路客货运输行业的特点，以及“十一五”国家科技支撑计划项目“营运车辆安全保障技术开发及大范围集成应用（2009BAG13A04）”技术成果的推广应用，编写了《道路客货运输驾驶员继续教育培训教材》。

本教材突出了“守法运营、安全运营、绿色运营”的从业理念，将道路运输相关法律法规和政策的新规定、标准规范的新要求，“江苏快客”和“江苏快货”等地方品牌安全与服务规范，以及大量典型道路交通安全事故案例分析等课题研究的新成果融入其中，并采用图文并茂的表现形式，使教材内容更具可读性、实效性和科学性。

本教材由蔡凤田、曾诚、孟兴凯、夏海英、吴初娜、赵侃、杨泽中、许书权、晋杰等人编写，由江苏省交通运输厅运输管理局审定。本教材在编写过程中，得到了交通运输部公路科学研究院、江苏省交通物流协会等单位的大力支持。由于时间仓促，水平有限，编写过程中的不足之处在所难免，恳请读者指正。

编写组

目录

第一章 道路运输法规、政策

道路运输法律、法规是前人的经验总结，更是前人用鲜血和生命换来的规律和规则，因此，遵章守法是道路运输活动能够安全、有序开展的基本前提。本章介绍了《中华人民共和国安全生产法》（以下简称《安全生产法》）、《中华人民共和国道路交通安全法》（以下简称《道路交通安全法》）及实施条例、《中华人民共和国劳动合同法》（以下简称《劳动合同法》）、《中华人民共和国刑法修正案（九）》（以下简称《刑法修正案（九）》）、《机动车驾驶证申领和使用规定》（公安部令第139号）、《道路运输从业人员管理规定》（交通运输部令2016年第52号）、《道路运输车辆技术管理规定》（交通运输部令2016年第1号）和《江苏省道路运输从业人员信用管理办法》（苏交规〔2016〕2号）等新制定（修订）道路运输法律、法规对道路客货运输驾驶员的要求。

第一节 道路运输安全相关法律、法规

本节中，驾驶员通过学习《安全生产法》、《道路交通安全法》及实施条例、《劳动合同法》、《刑法修正案（九）》、《机动车驾驶证申领和使用规定》等道路客货运输从业安全相关法律、法规，能够掌握其享有的权利、应尽的义务及应承担的法律责任，熟知驾驶员交通违法行为所应承担的责任。

一 法律赋予从业人员的权利与义务

1 从业人员的权利

为了维护从业人员在生产过程的安全权益，《安全生产法》赋予了从业人员以下权利：

（1）从业人员有获知运输危险因素、防范措施和事故应急措施的权利。比如，驾驶员有权了解运营线路的交通状况、限速情况、气候条件、沿线安全隐患路段情况等信

息，了解防范交通事故的措施及发生事故或突发事件后的应急措施，了解从事驾驶员职业的健康风险等，有权对本企业的安全生产工作提出建议。

（2）从业人员有对企业存在的安全生产隐患进行批评、检举和控告的权利。保障安全生产是道路运输企业和从业人员的共同责任。道路运输企业或客货运场（站）制度不健全、管理不规范，比如将运输业务交由不具备相应运输资质的经营者承运、不按规定对车辆进行维护修理、未按规定对长途客运线路配备足够数量的驾驶员、配载时超过车辆核定的载货限额、对出站客车不落实安全检查等，从业人员有权对此提出批评，或向行业主管部门、地方政府进行检举、控告。

（3）从业人员有拒绝违章指挥和强令冒险作业的权利。如果驾驶员被安排驾驶与准驾车型不符、擅自改装或存在故障的车辆，被强令违法托运危险化学品，累积驾驶时间超过规定时间仍被安排驾驶任务，以及发现直接危及人身安全的紧急情况时，有权停止作业或者在采取可能的应急措施后撤离作业场所。

（4）从业人员有获得工伤保险和民事赔偿的权利。从业人员因生产安全事故受到损害后，首先可以依照劳动合同和工伤社会保险的规定，享有相应的补偿金。如果工伤保险补偿金不足以补偿损失，且依照有关民事法律规定应当给予赔偿的，从业人员或其亲属还有权向本企业提出赔偿要求。

生产经营单位发生生产安全事故造成人员伤亡、他人财产损失的，应当依法承担赔偿责任；拒不承担或者其负责人逃匿的，由人民法院依法强制执行。生产安全事故的责任人未依法承担赔偿责任，经人民法院依法采取执行措施后，仍不能对受害人给予足额赔偿的，应当继续履行赔偿义务；受害人发现责任人有其他财产的，可以随时请求人民法院执行。

小知识

工伤认定的情形

认定为工伤的情形如下：（1）在工作时间和工作场所内，因工作原因受到事故伤害；（2）工作时间前后在工作场所内，从事与工作有关的预备性或者收尾性工作受到事故伤害；（3）在工作时间和工作场所内，因履行工作职责受到暴力等意外伤害；（4）患职业病；（5）因工外出期间，由于工作原因受到伤害或者发生事故下落不明；（6）在上下班途中，受到非本人主要责任的交通事故或者城市轨道交通、客运轮渡、火车事故伤害；（7）法律、行政法规规定应当认定为工伤的其他情形。

视同工伤的情形如下：（1）在工作时间和工作岗位，突发疾病死亡或者在48h之内经抢救无效死亡；（2）在抢险救灾等维护国家利益、公共利益活动中受到伤害；（3）从业人员原在军队服役，因战、因公负伤致残，已取得革命伤残军人证，到用人单位后旧伤复发。有上述第（1）（2）项情形的，按照有关规定享受工伤保险待遇；有上述第（3）项情形的，按照有关规定享受除一次性伤残补助金以外的工伤保险待遇。

不被认定为工伤或者视同工伤的情形如下：（1）因犯罪或者违反治安管理伤亡；（2）醉酒导致伤亡；（3）自残或者自杀。

从业人员因对本企业安全生产工作提出批评、检举、控告或者拒绝违章指挥、强令冒险作业，受到降低工资、福利等待遇或者被解除劳动合同，属于侵犯从业人员权利的违法行为，从业人员可以依法申诉、维权。

2 从业人员的义务

道路运输是一项专业性较强、具有较高安全风险的职业，道路客货运输活动的从业人员，应当履行法律赋予的以下安全生产义务：

（1）从业人员从事道路客货运输活动，首先要符合法定的条件，比如依法取得机动车驾驶证，按照驾驶证载明的准驾车型驾驶机动车；依法取得道路运输驾驶员从业资格证件，在从业资格证件核定的范围内从事道路运输活动；驾驶技术性能符合要求的车辆从事道路运输活动；先取得道路危险货物运输许可，再从事相应的道路危险货物运输活动等。

（2）从业人员要按规定参加安全教育和培训，学习和掌握岗位所需的法律法规、企业规章制度和操作规程等安全生产知识，提高安全驾驶技能，增强事故预防、应急处理能力。

（3）在作业过程中，从业人员要严格遵守本企业的安全生产规章制度和安全操作规程，正确佩戴和使用劳动防护用品。

（4）行车中，从业人员要按照交通标志和标线、交通信号灯的指示通行，保持安全车速，与前车保持足够的安全距离；正确使用车辆安全设施设备，预防事故的发生。

（5）从业人员发现事故隐患、其他不安全因素，或者发生交通安全事故后，要立即按规定向相关管理人员报告。要配合事故抢救，不得阻挠和干涉事故调查处理工作。

3 从业人员维护权益的措施

签订劳动合同是保障从业人员合法劳动权益的一种有效方法，也就是说，从业人员与用人单位建立劳动关系，应当签订书面劳动合同，并在劳动合同中明确有关保障从业人员劳动安全、防止职业危害、依法为从业人员办理工伤社会保险等事项，以保证从业人员的合法劳动权益受法律保护。

生产经营单位与从业人员订立的劳动合同中，存在免除或者减轻用人单位对从业人员因生产安全事故伤亡依法应承担的责任的情形，该合同侵犯了从业人员的合法权益，属于无效合同；生产经营单位的主要负责人、个人经营的投资人将被处2万元以上10万元以下的罚款。

根据《劳动合同法》的规定，从业人员未与用人单位订立书面劳动合同，但同时具备下列情形的，劳动关系仍然成立：

（1）用人单位和从业人员符合法律、法规规定的主体资格；

（2）用人单位依法制定的各项劳动规章制度适用于从业人员，从业人员受用人单位的劳动管理，从事用人单位安排的有报酬的劳动；

（3）从业人员提供的劳动是用人单位业务的组成部分。

劳动关系的认定凭证

从业人员未与用人单位签订劳动合同，认定双方存在劳动关系时可参照下列凭证：（1）工资支付凭证或记录（职工工资发放花名册）、缴纳各项社会保险费的记录；（2）用人单位向从业人员发放的工作证、服务证等能够证明身份的证件；（3）从业人员填写的用人单位招工、招聘登记表、报名表等招用记录；（4）考勤记录；（5）其他职员的证言等。其中，第（1）（3）（4）项的有关凭证由用人单位负举证责任。从业人员与用人单位就是否存在劳动关系引发争议的，可以向有管辖权的劳动争议仲裁委员会申请仲裁。

二 交通违法行为的行政处罚

1 饮酒、醉酒驾驶的处罚措施

饮酒后驾驶营运机动车的，处15日拘留，并处5000元罚款，吊销机动车驾驶证，5年内不得重新取得机动车驾驶证。饮酒后或者醉酒驾驶机动车发生重大交通事故，构成犯罪的，依法追究刑事责任，并由公安机关交通管理部门吊销机动车驾驶证，终生不得重新取得机动车驾驶证。

醉酒驾驶营运机动车的，由公安机关交通管理部门约束至酒醒，吊销机动车驾驶证，依法追究刑事责任；10年内不得重新取得机动车驾驶证，重新取得机动车驾驶证后，不得驾驶营运机动车。

小知识

饮酒、醉酒驾驶的相关处罚规定

根据《机动车驾驶证申领和使用规定》的规定，存在以下饮酒和醉酒驾驶情形的人员，不得再申请机动车驾驶证：（1）饮酒后或者醉酒驾驶机动车发生重大交通事故构成犯罪的；（2）醉酒驾驶机动车或者饮酒后驾驶营运机动车依法被吊销机动车驾驶证未满5年的；（3）醉酒驾驶营运机动车依法被吊销机动车驾驶证未满10年的。

2 毒驾的处罚措施

3年内有吸食、注射毒品行为或者解除强制隔离戒毒措施未满3年，或者长期服用依赖性精神药品成瘾尚未戒除的人员，不得申请机动车驾驶证。

对于被查获有吸食、注射毒品后驾驶机动车行为，正在执行社区戒毒、强制隔离戒毒、社区康复措施，或者长期服用依赖性精神药品成瘾尚未戒除的驾驶员，车辆管理所将注销其机动车驾驶证。

3 驾驶证降级换证的处罚措施

持有大型客车、牵引车、城市公交车、中型客车、大型货车驾驶证的驾驶员有下列情形之一的，车辆管理所将注销其最高准驾车型驾驶资格：

（1）发生交通事故造成人员死亡，承担同等以上责任，未构成犯罪的；

（2）在一个记分周期内有记满12分记录的；

（3）连续三个记分周期不参加审验的。

接到车辆管理所关于办理降级换证业务的通知后，驾驶员应当在30日内办理降级换证业务。在规定时间内未办理降级换证业务的，车辆管理所公告注销的准驾车型驾驶资格作废。驾驶员办理降级换证业务后，申请增加被注销的准驾车型的，应当在本记分周期和申请前最近一个记分周期没有记满12分记录，且没有发生造成人员死亡承担同等以上责任的交通事故。

小知识

重大交通违法行为记分

对于下列严重危害道路交通安全的违法驾驶行为，一次记12分：

（1）驾驶与准驾车型不符的机动车的；

（2）饮酒后驾驶机动车的；

（3）驾驶营运客车（不包括公共汽车）、校车载人超过核定人数20%以上的；

（4）造成交通事故后逃逸，尚不构成犯罪的；

（5）上道路行驶的机动车未悬挂机动车号牌的，或者故意遮挡、污损、不按规定安装机动车号牌的；

（6）使用伪造、变造的机动车号牌、行驶证、驾驶证、校车标牌或者使用其他机动车号牌、行驶证的；

（7）驾驶机动车在高速公路上倒车、逆行、穿越中央分隔带掉头的；

（8）驾驶营运客车在高速公路车道内停车的；

（9）驾驶中型以上载客载货汽车在高速公路、城市快速路上行驶超过规定时速20%以上或者在高速公路、城市快速路以外的道路上行驶超过规定时速50%以上，以及驾驶其他机动车行驶超过规定时速50%以上的；

（10）连续驾驶中型以上载客汽车超过4h未停车休息或者停车休息时间少于20min的；

（11）未取得校车驾驶资格驾驶校车的。

三 交通违法行为的刑事处罚

2015年8月29日，第十二届全国人民代表大会常务委员会第十六次会议通过了《刑法修正案（九）》，自2015年11月1日起施行。《刑法修正案（九）》将一些严重的交通违法行为列为犯罪行为，并作出了相应的刑事处罚规定。

1 交通肇事罪或危险驾驶罪

驾驶员违反交通运输管理法规，发生重大事故致人重伤、死亡或者使公私财产遭受重大损失的，处3年以下有期徒刑或者拘役；交通运输肇事后逃逸或者有其他特别恶劣情节的，处3年以上7年以下有期徒刑；因逃逸致人死亡的，处7年以上有期徒刑。

在道路上驾驶机动车，有下列情形之一的，处拘役，并处罚金，同时构成其他犯罪的，依照处罚较重的规定定罪处罚：

（1）追逐竞驶，情节恶劣的；

（2）醉酒驾驶机动车的；

（3）从事校车业务或者道路旅客运输业务，严重超过额定乘员载客，或者严重超过规定时速行驶的；

（4）违反危险化学品安全管理规定运输危险化学品，危及公共安全的。

2 危险物品肇事罪

违反爆炸性、易燃性、放射性、毒害性、腐蚀性物品的管理规定，在生产、储存、运输、使用中发生重大事故，造成严重

后果的，处3年以下有期徒刑或者拘役；后果特别严重的，处3年以上7年以下有期徒刑。

3 重大责任事故罪

在生产作业中违反有关安全管理的规定，因而发生重大伤亡事故或者造成其他严重后果的，处3年以下有期徒刑或者拘役；情节特别恶劣的，处3年以上7年以下有期徒刑。

4 伪造、变造、买卖证件罪

伪造、变造、买卖驾驶证的，处3年以下有期徒刑、拘役、管制或者剥夺政治权利，并处罚金；情节严重的，处3年以上7年以下有期徒刑，并处罚金。

在依照国家规定应当提供身份证明的活动中，使用伪造、变造的或者盗用他人的驾驶证，情节严重的，处拘役或者管制，并处或者单处罚金。同时构成其他犯罪的，依照处罚较重的规定定罪处罚。

第二节 道路运输驾驶员从业资格相关规定

本节中，驾驶员通过学习《道路运输从业人员管理规定》《江苏省道路运输从业人员信用管理办法》《江苏省道路运输违法行为累积记分管理办法》（苏交规〔2016〕3号）和《道路运输驾驶员继续教育办法》等相关法规知识，能够掌握驾驶员从业资格证件使用、驾驶员信用管理、档案管理、继续教育等相关规定。

一 从业资格证件使用

1 从业资格证件的换证、补证和变更

驾驶员从业资格证件的有效期为6年。从业资格证件需要换证、补证和变更时，驾驶员应按照以下要求办理相关手续：

（1）换证。在从业资格证件有效期届满30日前，驾驶员按规定完成继续教育并经道路运输管理机构确认，再到原发证机关办理换证手续。

（2）补证。驾驶员从业资格证件遗失、毁损的，及时到原发证机关办理证件补发手续。

（3）变更。驾驶员服务单位变更的，到道路运输管理机构办理从业资格证件变更手续。

驾驶员申请办理从业资格证件换证、补证和变更手续时，应填写《道路运输从业人员从业资格证件换发、补发、变更登记表》，并按规定提交材料。违反相关从业资格管理规定且尚未接受处罚的，驾驶员必须先接受处罚，才能办理换发、补发、变更从业资格证件的手续。

驾驶员取得多种从业资格证件的相关规定

驾驶员取得多种道路运输从业资格，且由同一发证机关考试和发证的，其从业资格类别可打印在同一本从业资格证件上，有效期限格式统一为“至××××年××月××日”。

2 从业资格证件的注销、撤销和吊销

驾驶员从业资格证件被注销、撤销和吊销所对应的情形见表1-1。

从业资格证件被注销、撤销和吊销对应的情形　表1-1

处罚类型	实施处罚对应的情形
注销从业资格证件	(1)持证人死亡; (2)持证人申请注销; (3)年龄超过60周岁; (4)机动车驾驶证被注销或者被吊销; (5)超过从业资格证件有效期180日未申请换证
撤销从业资格证件	(1)从业资格申请材料弄虚作假; (2)连续三个考核周期诚信考核等级均为B级; (3)在一个考核周期内累计计分有三次以上达到20分
吊销从业资格证件	(1)身体健康状况不符合有关机动车驾驶和相关从业要求且没有主动申请注销从业资格; (2)发生重大以上交通事故,且负主要责任; (3)发现重大事故隐患,不立即采取消除措施,继续作业

驾驶员的从业资格证件被撤销或吊销的，在处罚执行完毕之日起2年内不能申请相应范围的从业资格。驾驶员的从业资格证件因超过有效期180日而被注销的，在原证件超过有效期2年内（含2年），驾驶员可在完成24学时的继续教育后，申请参加相应类别从业资格考试大纲规定的理论科目考试。考试合格的，可以恢复原有从业资格，初始领证日期以原证件为准。

二 驾驶员信用管理

为了推进“诚信江苏”建设，建立健全道路运输经营信用管理体系，加强道路运输市场事中、事后监管，江苏省交通运输部门制定了《江苏省道路运输从业人员信用管理办法》和《江苏省道路运输违法行为累积记分管理办法》，自2016年8月1日起施行，此前江苏省交通运输部门发布的相关道路运输从业人员诚信考核办法同日废止。

1 驾驶员信用信息记录

设区的市、县级道路运输管理机构和江苏省高速公路管理机构通过“江苏运政在线”系统记录驾驶员的相关信用信息，对驾驶员的道路运输违法行为实施行政处罚，在其从业资格证件中予以记分。

驾驶员的相关信用信息包括基本情况信息和运输从业活动相关信用信息。其中，基本情况信息包括驾驶员姓名、性别、身份证号码、住址、联系电话、服务单位、驾驶证初领日期、准驾车型、从业资格证件号码、从业资格类别、从业资格证件初领日期和变更记录以及继续教育情况等。驾驶员运输从业活动相关信用信息包括安全生产、经营行为、服务质量等方面信息：

（1）安全生产：违反道路运输安全生产相关法律、法规、规章等规定，发生安全生产责任事故等有关情况；

（2）经营行为：在道路运输经营活动中，违反法律、法规、规章、规范性文件等规定的行为或者违反行业、职业规范等的行为；

（3）服务质量：发生经查实的服务质量事件、有责投诉、被曝光等有关情况。

2 驾驶员信用等级与信用记分

运输管理机构每年对驾驶员开展一次信用等级评定，周期为每年1月1日至12月31日。驾驶员初次领证、转入本省不满1年的，当年暂不评定信用等级。驾驶员信用等级按照记分情况（信用记分标准见表1-2）进行评定，分为好、较好、一般、较差四个信用等级，分别用AAA级、AA级、A级、B级表示。

道路客货运输驾驶员信用记分标准 表1-2

评价指标	记分内容	记分分值
安全生产	（1）道路运输从业过程中，发生人员伤亡的一般（含）以上安全生产事故，且负同等（含）以上责任的	10
	（2）道路运输从业过程中，未尽职采取措施防止服务对象人身和财产安全遭受损失的，或者未采取措施防止货物脱落、扬撒的	5
	（3）道路运输从业过程中，发生人员伤亡的一般（含）以上安全生产事故，且负次要责任的	5
	（4）道路运输驾驶员使用不符合有关法律、法规规定的车辆从事道路运输的	5
	（5）道路运输驾驶员非法超限运输的	5
	（6）道路运输驾驶员在从业过程中，故意损毁、屏蔽车辆动态监控系统的	5
	（7）道路运输从业过程中，存在使用不合格、不合法的器械、工具或者不规范使用合法器械、工具等情况的	3
经营行为	（1）道路运输驾驶员连续驾驶时间超过4h的	5
	（2）道路运输从业人员未按规定接受继续教育的	5
	（3）道路运输从业人员身体健康状况不符合有关机动车驾驶和相关从业要求且没有主动申请注销从业资格的	3
	（4）道路运输从业过程中，遗失相关运输服务证件，并申请补证达到2次以上的	2
	（5）驾驶员在驾驶车辆过程中吸烟、吃东西、接打电话的	2
	（6）违法行为记分累积分值每增加1分的	1
服务质量	（1）因服务质量差，道路运输从业人员受到市级交通运输主管部门或运管机构全市通报批评的	10
	（2）不文明、不规范运输服务行为被举报投诉，对举报投诉人打击报复的	10
	（3）道路运输从业过程中，不规范、不文明情况，被新闻媒体曝光，经查实的	10
	（4）道路运输从业过程中，存在无正当理由，擅自中断运输服务的	10
	（5）道路运输从业过程中，存在弄虚作假、不正当手段经营、误导消费被举报，经查实的	10
	（6）因服务质量差，受到县级交通运输主管部门或运管机构全县（区、市）通报批评的	5
	（7）道路运输从业过程中，因业务不熟练、操作不规范，对服务对象造成不良影响，发生有责投诉的	5
	（8）不文明、不规范运输服务行为被举报投诉并被查实的	5
	（9）道路运输从业过程中，未按照行业相关标准、规范、法规操作，未遵守职业道德，未提供规范服务、无法保障服务质量的	5
	（10）道路运输从业过程中，存在宣传、散布不健康、不文明材料、影像情况的	5

驾驶员同时被查处两个以上违法行为的，由道路运输管理机构分别立案，分别予以处罚、记分；同一个经营行为给予不同行政处罚的，由道路运输管理机构按照较重的行政处罚予以记分，不得重复记分。

一个评定周期届满，驾驶员有关运输从业违法、违章、违规行为按照相关规定处理完毕的，该行为的记分不转入下一个评定周期。尚未结案的违法行为记分值则转入下一个评定周期。在一个评定周期中驾驶员获得省级以上部门对其安全生产、经营行为、服务质量、新技术创新等方面表彰奖励的，可以一次性抵扣3分记分分值。

3 驾驶员信用等级评定标准

驾驶员同时具备以下条件的，其信用等级为AAA级：

（1）评定周期内，累积记分分值在5分以下；

（2）上两个年度信用等级连续为AA级以上；

（3）评定周期内，无被认定为对运输市场产生较重影响涉及失信的行为。

对运输市场产生较重影响涉及失信的行为

驾驶员有下列情形之一的，记录为对运输市场产生较重影响涉及失信的行为信息：

（1）驾驶客运车辆未按照规定使用标志牌或者未按照批准的线路、经营区域营运，当年内累计达到3次；

（2）道路三类以上班线客运、旅游包车客运车辆驾驶员违规关闭车辆卫星定位装置，不能保持车辆实时在线，当年内累计达到3次；

（3）货运驾驶员发生违法超限运输，当年内累计达到3次；

（4）发生较大运输安全生产责任事故，且负主要责任；

（5）法律、法规规定和国家、省信用管理机构认定的其他对运输市场产生较重影响的失信行为。

驾驶员同时具备以下条件的，其信用等级为AA级：

（1）未达到AAA级的评定条件；

（2）评定周期内，累积记分分值未达到10分；

（3）上年度信用等级为A级以上；

（4）评定周期内，无被认定为对运输市场产生较重影响涉及失信的行为。

驾驶员同时具备以下条件的，其信用等级为A级：

（1）未达到AA级的评定条件；

（2）评定周期内，累积记分分值未达到20分。

评定周期内，驾驶员具备下列情形之一的，其信用等级为B级：

（1）累积记分分值达到20分；

（2）发生人员死亡的一般以上道路运输安全生产责任事故，且负主要责任；

（3）因从事道路运输活动受到公安部门拘留以上处罚；

（4）受到省运输管理机构或者省级以上交通运输主管部门通报批评；

（5）在信用评定过程中，弄虚作假且情节严重；

（6）道路运输从业过程中，有敲诈、索取或者占有他人财物行为，被举报查实的；执法人员检查过程中，存在辱骂执法人员、阻止正常执法活动的情形；

（7）未实行接驳运输的客运车辆的驾驶员，在凌晨2~5时违规驾驶；

（8）评定周期内，有被认定为对运输市场产生严重影响涉及失信的行为。

对运输市场产生严重影响涉及失信的行为

驾驶员有下列情形之一的，记录为对运输市场产生严重影响涉及失信的行为信息：

（1）超越道路运输从业资格证件核定范围，驾驶道路三类以上班线客运、旅游包车客运车辆经营；

（2）发生重大以上运输安全生产责任事故，且负主要责任；

（3）驾驶员在当年内发生被认定为对运输市场产生较重影响涉及失信的行为三起以上或者两起以上同类情形；

（4）法律、法规规定和国家、省信用管理机构认定的其他对运输市场产生严重影响的失信行为。

4 驾驶员信用档案管理

驾驶员所在地县级运输管理机构负责建立驾驶员的信用档案，驾驶员所在地为设区的市城区的，由设区的市运输管理机构负责建立。驾驶员有关信用信息通过“江苏运政在线”系统记录并归集，信用档案通过“江苏运政在线”系统自动生成。

驾驶员及其所属的经营者应当主动配合运输管理机构建立从业人员信用档案，及时将驾驶员信用档案中基本情况信息补充完善，并及时更新，或者向发证的道路运输管理机构定期报送。

5 信用等级评定结果运用

道路客运经营者要在驾驶员的服务监督卡或者驾驶员信息公示卡上标注驾驶员的信用等级情况。

驾驶员信用等级与其自身的薪资待遇、晋升、培训、奖励、辞退挂钩，同时，信用等级为B级的驾驶员会受到以下处罚：

（1）被调离关键服务岗位；

（2）不得承担具有重大政治和国防战备意义、社会影响大、安全风险高的运输生产任务；

（3）不得承担黄金周和春运期间的相关运输服务；

（4）不得承担省市际班线客车和旅游包车以及危险货物运输任务。

驾驶员存在对运输市场产生较重或者严重影响涉及失信的行为，将按照《江苏省自然人失信惩戒办法（试行）》（苏政办发〔2013〕100号）规定进行联动惩戒。

三 驾驶员从业资格档案转籍

发证地道路运输管理机构建立了驾驶员从业资格管理档案，驾驶员因户籍所在地、暂住（居住）地变更或者服务地管理部门要求，且自初次取得从业资格证件满1年的，可申请按以下要求办理从业资格管理档案转籍手续：

（1）填写《道路运输从业人员从业资格管理档案转籍申请表》，持从业资格证件向档案转出地管理部门提出申请；

（2）转出地管理部门受理其转籍申请后，在办结转籍手续后30日内，将申请人的从业资格管理档案移交至档案转入地管理部门；

（3）档案转入地管理部门按照相关规定审核档案；

（4）档案审核合格的，在10日内核发从业资格证件，并收回转出地管理部门原核发的从业资格证件，存入从业资格管理档案。档案审核不合格的，书面告知申请人，并将档案退回档案转出地管理部门补充材料直至合格。

驾驶员办理从业资格管理档案转籍手续时，应注意以下事项：

（1）其信用档案应当随从业资格档案一同转出；

（2）同时具备两种及以上从业资格的，在申请转籍时一并转出；

（3）违反相关从业资格管理规定且尚未接受处罚的，在接受处罚后才能办理相应的转籍手续；

（4）被道路运输管理机构列入黑名单的，不予办理转籍手续。

四 驾驶员继续教育

1 定期的继续教育

根据《道路运输驾驶员继续教育办法》的规定，取得道路运输驾驶员从业资格后，驾驶员在上岗从业期间须接受继续教育。驾驶员继续教育周期为2年，驾驶员在每个周期内接受继续教育的时间累计应不少于24学时。未在岗从业的道路运输驾驶员，因从业资格证件有效期届满申请换证的，应补充完成一个继续教育周期24学时的继续教育。

取得两种及以上从业资格的道路运输驾驶员，按照其在岗的从业类别参加继续教育。道路运输驾驶员变更从业类别或服务单位时，当前继续教育周期内已完成的继续教育学时予以认可。

继续教育的内容包括道路运输相关政策法规，社会责任与职业道德，职业心理和生理健康，道路客货运输车辆知识，行车危险源辨识，预见性驾驶方法和不安全驾驶习惯纠正，紧急情况及应急处置，道路客货运输知识，节能减排相关知识。

驾驶员可以参加以下任何一种形式的继续教育。驾驶员完成继续教育后，应经相应道路运输管理机构确认：

（1）具有一定规模的道路运输企业组织的继续教育；

（2）经许可的驾驶员从业资格培训机构组织的继续教育；

（3）交通运输部或省级交通运输主管部门备案的网络远程继续教育；

（4）经省级道路运输管理机构认定的其他继续教育形式。

2 计满20分的继续教育

根据《江苏省道路运输从业人员信用管理办法》的要求，驾驶员在评定周期内的累积记分分值达到20分的（不含从业资格证件吊销），在记满20分之日起15日内，应到档案所在地经设区的市运输管理机构备案的培训机构，接受不少于18学时的道路运输法规、职业道德和安全知识等的继续教育，经考核合格后，取得继续教育合格证明。

第三节 道路运输车辆技术管理相关规定

《道路运输车辆技术管理规定》规定，道路运输车辆技术管理是指对道路运输车辆在保证符合规定的技术条件和按要求进行维护、修理、综合性能检测方面所做的技术性管理。本节中，驾驶员通过学习《道路运输车辆技术管理规定》，能够掌握道路运输车辆技术条件、车辆检测与等级评定、车辆维护与修理、车辆技术档案管理、车辆审验等

相关法规知识。

一 道路运输车辆技术条件

从事道路旅客运输和货物运输经营的车辆应当符合下列技术要求：

（1）车辆的技术性能符合《道路运输车辆综合性能要求和检验方法》（GB 18565）的要求；

（2）车辆的外廓尺寸、轴荷和最大允许总质量符合《汽车、挂车及汽车列车外廓尺寸、轴荷及质量限值》（GB 1589）的要求；

（3）车型的燃料消耗量限值符合《营运客车燃料消耗量限值及测量方法》（JT 711）、《营运货车燃料消耗量限值及测量方法》（JT 719）的要求；

（4）车辆技术等级达到二级以上；危货运输车、国际道路运输车辆、从事高速公路客运以及营运线路长度在800km以上的客车，技术等级达到一级；

（5）从事高速公路客运、包车客运、国际道路旅客运输，以及营运线路长度在800km以上客车的类型等级达到中级以上；

（6）危货运输车应当符合《汽车运输危险货物规则》（JT 617）的要求。

二 道路运输车辆证件

道路运输经营者投入运输的车辆经道路运输管理机构核实并符合条件的，道路运输管理机构向车辆配发《道路运输证》。驾驶员从事道路运输活动时，应随车携带《道路运输证》。《道路运输证》不得向他人转让、出租或者涂改、伪造。

三 车辆技术档案管理

道路运输经营者应当按照“一车一档”为道路运输车辆建立车辆技术档案，对相关内容的记载应当及时、完整和准确，不得随意更改。

车辆技术档案主要包括以下内容：车辆基本信息、车辆技术等级评定情况、客车类型等级评定或者年度类型等级评定复核信息、车辆维护和修理情况（含《机动车维修竣工出厂合格证》）、车辆主要零部件更换情况、车辆变更情况、行驶里程变化情况、对车辆造成损伤的交通事故等记录。

四 车辆维护与修理

道路运输经营者应当建立车辆维护制度。车辆维护分为日常维护、一级维护和二级维护。日常维护由驾驶员实施，一级维护和二级维护由道路运输经营者组织实施，并做好记录。

车辆二级维护的具体要求如下：

（1）自行确定维护周期。道路运输经营者应当依据国家有关标准和车辆维修手册、使用说明书等，结合车辆类别、车辆运行状况、行驶里程、道路条件、使用年限等因素，自行确定车辆维护周期，确保车辆正常维护。

（2）按规定确定维护作业项目。应当按照《汽车维护、检测、诊断技术规范》（GB/T 18344）、《使用乙醇汽油车辆检查、维护技术规范》（GB/T 25349）和《液化天然气汽车维护技术规范》（JT/T 1009）等汽车维护的有关技术规范要求确定车辆维护作业项目。

（3）自行或者委托有资质的维护企业开展二级维护作业。道路运输经营者根据《汽车维修业开业条件》（GB/T 16739）的要求，自行确定是否具备二级维护作业能力。具备能力的，可以对自有车辆进行二级维护作业和竣工出厂检验，做好车辆维护记录，无需到汽车综合性能检测机构上线检测，并对车辆维护作业质量承担责任。道路运输经营者不具备二级维护作业能力的，可以委托二类以上汽车维修企业进行二级维护作业。汽车维修企业按要求完成二级维护作业和竣工出厂检验合格后，向委托方出具二

级维护出厂合格证。

（4）维护信息记入车辆技术档案。道路运输经营者应将车辆的二级维护情况记入车辆技术档案，并将《机动车维修记录》《机动车维修竣工出厂合格证》存入车辆技术档案。

五 车辆综合性能检测与等级评定

道路运输经营者应当自道路运输车辆首次取得《道路运输证》当月起，按照下列周期和频次，委托车籍所在地或者运输驻在地（仅适合货车）汽车综合性能检测机构进行综合性能检测和技术等级评定：

（1）客车、危货运输车自首次经国家机动车辆注册登记主管部门登记注册不满60个月的，每12个月进行1次检测和评定；超过60个月的，每6个月进行1次检测和评定；

（2）其他运输车辆自首次经国家机动车辆注册登记主管部门登记注册的，每12个月进行1次检测和评定。

客车拟进入道路运输市场的首次核定、在用客车年审前进行复核以及在用客车转籍后进行重新核定，应进行类型等级评定或者年度类型等级评定复核。

六 车辆审验

道路运输经营者应按规定向县级以上道路运输管理机构申请对道路运输车辆进行审验，每年审验1次。未经年度审验或者年度审验不合格的车辆，不允许从事道路运输经营。对于已取得《道路运输证》，2年（含2年）以上未按照规定对车辆进行年审的，《道路运输证》将会被注销。

七 车辆转籍、过户

道路运输以及相关业务经营者要求将道路运输车辆转籍、过户的，应当向原发证机关提出申请，办理有关手续。办理车辆转籍、过户变更手续时，应将车辆技术档案完整移交。办理车辆转籍、过户后，拟继续从事道路运输经营的，车辆的新所有人应当凭车辆转籍、过户证明和车辆档案，向转入地的县级道路运输管理机构重新申请办理相关经营手续。

八 法律责任

道路运输经营者有下列行为之一的，县级以上道路运输管理机构应当责令改正，给予警告；情节严重的，处以1000元以上5000元以下罚款：

（1）使用报废、擅自改装、拼装、检测不合格以及其他不符合国家规定的车辆从事道路运输经营活动的；

（2）未做好车辆维护记录的；

（3）未按照规定的周期和频次进行车辆综合性能检测和技术等级评定的；

（4）未建立道路运输车辆技术档案或者档案不符合规定的。

第二章 道路运输驾驶员的社会责任与职业道德

道路运输驾驶员在执行运输任务时，除了将旅客或货物安全、准时送达目的地外，还肩负着为旅客或托运人提供运输服务的职责，驾驶员的从业理念、社会责任感及职业道德直接关系到道路运输安全与服务品质的优劣。驾驶员具有高度的社会责任感和良好的职业道德，对于道路运输行业的健康、有序、和谐发展十分重要。本章介绍了道路客货运输驾驶员的职业特点、应承担的社会责任和应具备的职业道德等知识。

第一节 道路运输驾驶员的职业特点

职业是个人在社会中所从事的、有稳定收入的工作，既是谋生的手段，也是实现人生价值和社会价值的舞台。由于社会属性、工作环境、劳动强度、服务对象等不同，任何一种社会职业都有其不同的特点。本节中，驾驶员通过学习了解道路运输驾驶员的职业特点，能够更好地理解驾驶员的职业技能素质需求，为从事驾驶员职业做好生理和心理上的各项准备。

一 驾驶作业劳动强度较大

随着道路网络的进一步完善，道路运输为城市与城市、城市与乡村、乡村与乡村之间建立了更加广泛的旅客和货物流动。驾驶员往往是独立执行运输任务，出车前准备、运抵目的地和返程等运输全过程所经历的时间较长，其中需要长时间连续驾驶，精力和体力上都消耗很大，劳动强度较高。

二 时刻面临交通安全风险

车辆行驶途中，人流、车流、道路条

件和天气条件等交通情况不断发生变化，比如前方突然有行人横穿道路、突然遇到团雾等，需要驾驶员具有较好的心理素质、安全知识和驾驶技能，能够始终保持良好的状态，准确掌握道路环境和车辆运行状况，及时识别潜在的危险，迅速、准确地应对。

三 安全事故具有社会危害性

一些驾驶员过分追求经济效益，不遵守职业行为规范，哪怕是一时的疏忽，都可能会引发交通事故。交通事故不仅仅会给驾驶员自身带来不良影响，还会造成乘员伤亡和财产损失，甚至会使企业在社会声誉和经济上蒙受重大损失，此外，还可能引起环境污染，社会危害性较大。

四 工作环境会影响驾驶员身心健康

驾驶员在行车中常常受到车辆颠簸、机件振动和环境噪声的影响，同时因久坐、缺乏运动和饮食不规律等，会不同程度地患有颈椎病、腰椎病、胃病等生理疾病；此外，驾驶员长时间处于紧张状态，且受到外界因素的刺激，比如其他道路交通参与者的挑衅、乘客因不理解而无端指责等，容易出现情绪波动，甚至产生消极、抑郁心理。

五 服务对象层次具有多样性

驾驶员提供运输服务时，会与乘客或托运人产生语言、感情、思想等方面的联系，其言谈举止不仅仅反映出个人的素质，还代表着道路运输行业的形象，是行业文明的“窗口”。驾驶员面对的服务对象层次多样，旅客或托运人在年龄、职业背景、性格等方面都不相同，对运输服务要求也有着很大的差别，给驾驶员执行运输任务带来很多困难。

第二节 道路运输驾驶员的社会责任

道路运输驾驶员的社会责任是指驾驶员在道路运输活动中对国家发展、社会进步应肩负的责任，包括承担高于自身目标的社会义务、法律义务和经济义务等。本节中，驾驶员通过学习社会责任知识，能够增强社会责任感和使命感。

一 安全行车，保障生命和财产安全

道路运输安全是社会安全的一个重要组成部分，关系到社会稳定和发展，驾驶员的安全意识是社会责任意识的核心。具有高度社会责任感的驾驶员，会不断学习提高自身素质，在车辆运行中会严格遵守法规规定，

安全行车，在紧急情况下也会努力保护乘客和他人的生命和财产安全，体现出个人的社会价值。

典型

在生命的最后时刻仍然肩负起安全责任

宋洋是山东交通运输集团有限公司的一名年青客车驾驶员。2013年3月9日上午，像往常一样，宋洋驾驶一辆承载33名乘客的大型客车从聊城返回济南。客车行驶至济聊高速公路茌平段时，宋洋突发脑干出血，在短暂的100s时间内，凭借意志忍痛紧急制动，将客车停在应急车道上，并在开启危险报警闪光灯和打开车门后昏迷。随后宋洋被紧急送往医院救治，因病情严重，再也没有醒过来。

"车突然停了，我很奇怪，随后发现驾驶员口吐异物，表情痛苦，后来才知道是脑干出血，他是在昏迷的一瞬间把车停在了安全地带。"坐在客车前排的乘客肖某告诉记者，他认为宋洋能够强忍剧痛紧急停车，非常了不起。为了大力弘扬宋洋同志的崇高精神和优秀品质，宋洋同志被追授为山东省"全省道德模范"。

二 热情服务，满足社会公众出行需求

随着社会经济的发展，人们生活水平的提高，交通基础设施建设的不断深入，社会公众对安全、方便、快捷的公众出行服务的关注越来越多，需求越来越迫切，期望值越来越高。在道路运输过程中，驾驶员岗位具有双重职责，除了安全驾驶汽车外，还有义务根据乘客和托运人的实际需求，提供安全、优质、高效的运输服务，信守承诺，不欺不诈，保护乘客和托运人的合法权益。

典型

文明服务，让客户有良好的出行体验

徐友祥是南京长客集团白鹭公司的一名客运驾驶员，在多年的驾驶员岗位上，以优良的行车技术和优质的文明服务受到社会、行业及广大旅客的肯定和表扬。2014年3月，在第二届"长客杯"客运驾驶员职业技能竞赛暨第二届"江苏技能状元"选拔赛中荣获综合成绩第一名。2016年，荣获南京市第四届"最美交通人"荣誉称号，被江苏省交通运输厅授予"爱岗敬业驾驶员"荣誉称号。

徐友祥在服务的过程中非常注重细节：（1）每天做好上岗前准备，头发梳理得一丝不乱，西装、领带、皮鞋等一身行头干净整洁，精神饱满，笑脸迎客；（2）在执行包车任务前，先查看地图做好路线规划再出车；（3）歇车时，对客车发动机及其他可见部件、车身外观、座椅和座套等进行清洁；（4）旅客上车时，帮忙摆放行李物品；客车到达目的地后，帮助旅客将一件件行李拿下车；待送走旅客后，再返回车上打扫卫生。

三 敢于担当，向社会传递正能量

在运输过程中，经常会遇到各种突发情况，比如旅客突发疾病、出现冰冻雨雪灾害、节假日出现旅客严重滞留、乘客的生命财产安全受到非法侵害等，驾驶员要积极面对，给予力所能及的帮助或者积极参与救助活动，要敢于与不法分子斗智斗勇，维护乘客和托运人的利益，捍卫社会正义。

典型

驾驶员不顾个人安危，奋力与歹徒搏斗

2014年11月1日10时20分，丽汽集团客长运分公司驾驶员章某驾驶一辆搭载14名乘客的客车从丽水出发到沈家门。14时30分，当客车行驶至宁波绕城高速时，车内一名男乘客开始胡言乱语，并大声叫嚷着“我要喝水”，车内其他乘客和章某一同为该男乘客提供了必要的帮助。15时40分，当客车行驶至舟山跨海大桥沥港出口时，该男乘客突然拿出刀去攻击车内其他乘客，最后用刀抵住了前排座位上乘客雷某的脖子，并致使雷某脖子上出现了血痕。见此情景，车内其他乘客尖叫起来，纷纷往驾驶室方向跑。在乘客生命安全受到威胁的危急时刻，驾驶员章某立即安全停车，打开前后车门，大声叫喊“大家先下车”，并同时松开安全带，拨开慌乱的人群冲向歹徒并与其搏斗。在大家的帮助下，章某制服了歹徒。从停车、与歹徒搏斗到将歹徒抬下车，前后经历了惊魂的48s。

后来，车内乘客潘某说：“当时的情况很吓人，歹徒拿着刀东杀杀西杀杀，有些女乘客因害怕，下车后腿都软了，无法走路。章师傅第一个冲上去，很勇敢。”当记者问起章某当时是什么力量支撑他不顾个人安危时，章某笑笑说：“当时的情况很紧急，我也没时间多想，只是平时公司在每月两次的安全教育学习上会教育我们，旅客生命财产安全要优先保障，这也是我们的责任。”

四 节能驾驶，促进社会节能减排

面对形势日益严重的能源危机和全球气候变化以及油价的不断攀升，驾驶员要树立节能与环保意识，学习、掌握节能驾驶知识，提高节能驾驶技能，减少汽车燃料消耗，降低汽车尾气排放。

典型

节油能手——乔森

乔森是常州公路运输集团有限公司的一名客运驾驶员，目前是公司“乔森工作室”的负责人，先后获得“江苏省技术能手”“江苏省五一创新能手”“全国交通技术能手”“江苏省有突出贡献的中青年专家”等荣誉称号，获得江苏省五一劳动奖章、全国五一劳动奖章。

乔森刻苦学习，潜心钻研，结合自己多年来研究的客车知识和积累的驾驶操作经验，总结出一套节油减排驾驶操作法——“乔森节油操作法”。“乔森节油

操作法”的核心为：“爱车例保维护勤、一挡起步油门轻、集中思想判路情、挡位合理车速匀、少用制动巧滑行、节油意识记在心”。成立“乔森工作室”后，乔森带领工作室的骨干成员担起了对集团公司所有营运驾驶员的指导培训工作，在交通系统范围内大力推广“乔森节油操作法”，为节约能源、减少环境污染作出了巨大的贡献。

第三节 道路运输驾驶员的职业道德

道德是通过社会舆论、传统习俗和内心信念来调整人与人、人与社会、人与自然之间关系的行为规范的总和，职业道德是道德体系中的一个重要部分。本节中，驾驶员通过学习职业道德的内涵、职业行为的要求和培养方法，能够增强职业道德观，熟知道路运输驾驶员的行为要求，确保运营安全和提供优质服务。

一 驾驶员职业道德的内涵

1 具有职业责任感

驾驶员树立职业责任感是职业道德的核心，具体表现在遵章守法、规范操作、优质服务、诚实守信、公平竞争等方面，通过不懈的努力构建个人良好的职业信誉。

与道路运输安全相关的各项法律、法规，都是在总结大量的安全事故经验和血的教训的基础上制定的。当驾驶员超越法律、法规开展工作时，极易引发安全事故，造成人员伤亡、货物损失，还会产生很坏的社会影响和其他负面效应。因此，驾驶员需要学习道路运输相关法律、法规知识，做到守法运营，安全、文明驾驶车辆。

案例

违法占用对方车道，剐蹭后坠入河流

2014年8月18日10时50分，驾驶员都某驾驶一辆大型客车，由拉萨向林芝方向行驶。大型客车行驶至国道318线4414km+799m处时，车辆占用道路左侧行驶，与对向行驶的一辆自卸大型货车发生剐蹭后，大型客车失控向左前方冲出35.3m后，撞断4根安全警示桩并翻坠入道路左侧的尼洋河中，造成12人死亡、4人失踪、7人受伤。

案例中，驾驶员都某会车时违法占用道路左侧行驶，与对向行驶的一辆自卸大型货车发生剐蹭后，客车失控坠入河流。都某对这起事故负直接责任，涉嫌交通肇事罪，由于都某已在事故中死亡，免于追究其刑事责任。

在运输过程中，驾驶员要保持良好的服务意识、热情的服务态度、文明礼貌用语和朴实的服务作风，从细节入手满足旅客和托运人合理的运输需求；驾驶员要树立“信誉第一”的经营理念，信守合同约定，不投机取巧、弄虚作假、欺骗客户，不侵害客户的

正当权益。

典型

诚信待客，风雨路兼程不言累

郭令国是江苏政成物流股份有限公司的一名货运驾驶员，多年以来，郭令国驾驶的车辆往返于常州与广东中山，工作中随叫随到，不提条件、不挑肥拣瘦，任劳任怨。2016年，被评为江苏省“爱岗敬业驾驶员”。

2015年8月9日，台风“花莲”登陆广东，由于事前客户要求此单货物必须在8月9日送到，而所装载货物长、吨位大，加上途中出现的台风恶劣天气，要完成此任务非常不易，在这种情况下，郭令国接到货单后，二话没说就上路了，最终克服重重困难，将货物安全、准时送达，确保了客户的工期。

驾驶员要采取正当手段参与运输市场竞争，不使用暴力、强制手段和其他不符合法律、法规规定的手段限制、干扰和影响其他经营者，维护良好的市场秩序。在经营过程中不断创新服务理念，充分运用移动互联网技术分析大众的出行需求，改善服务方式，提高服务水平和运营效率，增强核心竞争力。

小知识

“互联网+”道路客运服务

近年来，随着经济社会发展，居民收入不断增长，消费结构持续升级，高铁动车连线成网、航空出行平民化、私家车日益普及，广大群众的交通出行方式和需求结构正在发生巨大转变，在交通出行方面更加注重高品质、便捷化、多样化和定制化。

一些客运企业将“互联网+”作为企业转型发展的动力，以旅客出行需求为导向，尝试利用移动互联网技术创新传统客运业务，在城市和乡镇之间、县域之间、城市之间、毗邻省份之间开通定制班线客运服务，根据旅客的需求及时确定发车时间、使用的车辆及提供个性化服务，并且围绕“吃、住、行、游、购、娱”探索相关运输增值衍生服务，开辟了客运行业发展新出路。

2 具有职业荣誉感

职业荣誉感是驾驶员忠诚于职业的一种态度，是驾驶员职业道德的基础。驾驶员要认识到自身所从事的职业是社会分工不可缺少的组成部分，肩负着社会赋予的光荣使命，热爱自己的工作岗位，热爱自己所从事的、为社会公众提供服务的事业，从付出中感受到工作的快乐。在从业过程中，驾驶员要珍惜这份职业，有端正的从业态度，抵御社会上片面追求经济效益等不良思想的诱惑，脚踏实地做好本职工作，履行好岗位职责，维护职业尊严。

二 驾驶员职业道德的培养

驾驶员职业道德是其道德修养在职业领域中的表现形式，驾驶员职业道德品质并不是先天具有的，也不可能在从业之前就完全形成。随着社会的发展，人们对驾驶员的服

务内容、服务品质还会提出新的、更高的要求，这些都需要驾驶员不断加强职业道德的培养。

驾驶员顺利取得从业资格证件，为从业过程中的终身学习打下了较好的基础，但仍然需要不断学习，以适应社会经济发展、车辆技术革新及日益复杂的道路环境的需要。只有在职业的长期实践和自我修养中加深对职业的认识，形成良好的职业道德意识，经过教育、自我锻炼和自我改造，消除不符合职业要求的不良习惯，才能达到较高的职业道德素质。

要使自己成为一个道德高尚的人，驾驶员在实际工作中要始终严格按照职业道德规范要求自己，从细节入手，用心开展运输服务工作，向先进典型看齐，不断进行自我反省和自我改进，自觉地进行职业道德的培养，从而不断提高职业道德水平。

典型

爱岗敬业创辉煌：20年行车无事故

1980年12月，薛龙进入苏州汽车客运公司常熟分公司，先后从事乘务员、汽车驾驶工作，目前是“江苏快客”杭州班线的驾驶员。薛龙在驾驶员岗位耕耘29年以来，无事故无违章，安全行车累计达到239万km，且一直保持着旅客投诉零记录。2016年，被江苏省交通运输厅授予“爱岗敬业驾驶员”荣誉称号。

薛龙之所以能够取得如此好的工作成绩，主要得益于他“干一行，爱一行”，秉承“爱岗敬业、安全第一、旅客至上”的从业理念。29年来，他把车辆当成自己的孩子，总结出车辆日常维护“四心”工作法，坚持每天提前半小时到岗检查车辆，收车后不管多晚都要做好车辆的例保工作和三清工作，消除安全隐患；对于公司的各种培训和安全活动，总是准时参加，认真记录与思考，刻苦钻研客运车辆在高速公路和恶劣气候条件下的驾驶技术和避险措施，总结出了208字安全行车口诀及安全行车心得工作法；每天坚持撰写行车心得，整理当天行车中所遇到的险情、避险措施等情况，将有价值的信息及时反馈给车队，并作为安全活动素材与同事们共享，起到降违章、灭事故、保安全的良好效果。

驾驶员职业道德品质的培养绝不是一蹴而就的，而是一个长期、艰辛、复杂的过程。由于每位驾驶员都生活在复杂的社会环境中，受各种社会思潮的影响，思想必然会产生这样或那样的变化，因此，需要反复培养，才能达到应有的效果。

第三章 道路运输驾驶员的职业心理和生理健康

在道路运输过程中，驾驶员的心理和生理健康关系着道路旅客运输和货物运输的安全和效率。道路交通事故统计分析表明，相对于技术因素，驾驶员心理和生理健康状况对安全行车的影响更加明显。驾驶员状态正常时，精神饱满、注意力集中、情绪稳定、操作规范，而驾驶员状态异常时，容易情绪波动、注意力分散，出现危险驾驶行为。本章介绍了驾驶员心理健康与心理调节方法、驾驶员常见生理疾病的危害与预防措施等知识。

第一节 道路运输驾驶员的心理健康知识

“健康”不仅是生理上没有疾病和身体虚弱等现象，而且要在心理上有良好的精神状态和社会价值观。驾驶员行车时的心理活动与安全行车有密切的关系。在行车时，外界的、人为的各种因素使驾驶员的动机、态度、情绪等不断发生变化，影响了行车的安全。本节中，驾驶员通过学习心理健康对行车安全的影响、典型驾驶心理及心理调节方法等知识，能够提高自我认知和情绪控制能力，提高行车的安全性。

一 驾驶员心理健康对行车安全的影响

1 性格

性格与安全行车有着极为密切的关系。性格内向的驾驶员往往内敛、态度认真、细心周到，驾驶车辆时表现为小心谨慎、能做到礼让、不采取冒险行动，但是遇事易优柔寡断、不自信，不善于处置紧急情况。性格外向的驾驶员，反应敏捷、行动迅速，但是容易以自我为中心，轻率、敢于冒险，情绪波动大。

人的性格不是固定不变的。驾驶员若能热爱本职工作，有高度的社会责任感，能够认识到安全行车是对自己、他人、家庭、企业和社会应尽的责任和义务，在平时加强自身修养，在实践中善于总结经验，不断提高自己的安全意识和职业道德水平，就可以形成更具安全性的性格。

2 驾驶动机

在生活中，人们采取行动的潜在动机是为了给自己带来快乐或者成就感。在行车中，不当的驾驶动机会影响驾驶安全，比如，当一个重要的客户急需货物送达而驾驶员可能会误点时，驾驶员很可能会超速或者冒险驾驶。研究表明，有时间压力的驾驶员更容易冒险，即使是平时很谨慎的驾驶员也可能出现危险的驾驶行为。

有些驾驶员为了获得更好的经济效益，忽略了履行运输安全保障的职责，对车辆私自加装座位或改装车厢栏板高度，经常采取超速、加塞、强行超车等危险驾驶行为，结果频繁发生事故，给家庭、乘客、企业和社会带来了巨大的损失。因此，在行车中，保持正确的驾驶动机对于驾驶安全非常重要。

3 情绪

带有过分高兴和骄傲的情绪时，驾驶员易于分散注意力，凝神呆视，对交通情况的判断能力降低，或者过高估计自己的能力而开“英雄”车。过分悲观失望时，驾驶员对环境视觉和感觉能力弱化，工作精力减弱，操作失误增加。

感觉烦恼时，性格内向的驾驶员会沉思、忧郁，注意力分散，对交通环境的感知能力减弱，反应迟钝；而性格外向的驾驶员则暴躁不安，情绪易因外界刺激而产生巨大波动，产生报复心理，甚至开“斗气车”。

驾驶员若自尊心过强、意志薄弱、不善于自我缓解压力，则容易因不良的行车环境或他人的挑衅等，突然产生消极甚至极端的情绪变化。保持稳定的情绪，尤其是克服和控制消极的情绪，是减少交通事故的重要因素，需要驾驶员做好以下几个方面：

（1）认清情绪波动对行车安全的危害，增强法制观念，有高度的社会责任感；

（2）加强自身修养，积极处理好工作、家庭生活和人际关系，保持高尚的情操和平常心态；

（3）经常告诫自己抑制愤怒和急躁，能够谅解和理解对方，运用恰当的方法自我调节和稳定情绪，保持心情舒畅，不在有思想包袱、心情沮丧、闹情绪时驾驶车辆；

（4）持续学习和掌握道路运输风险防范知识和技能，提高应急反应能力，在遇到险情时能够沉着果断、处变不惊，采取正确的对策化险为夷，转危为安。

4 注意力

注意力是指人的心理活动指向和集中

于某种事物的能力。衡量驾驶员注意力好坏的标准，包括注意力的广度、注意力的稳定性、注意力的分配和注意力的转移。

注意力的广度，是指驾驶员在一瞬间内清楚地觉察或辨识的对象的数量，它决定驾驶员的观察是否全面。注意力的稳定性，是指驾驶员在一定时间内，比较稳定地把注意力集中于某一特定的对象与活动的能力。驾驶员出现注意力分散时，会遗漏驾驶安全信息，影响行车安全。

注意力的分配，是指驾驶员在进行多种活动时能够把注意力平均分配于各种活动当中。比如，驾驶员能够一边听音乐，一边安全操控车辆。人的注意能力总是有限的，驾驶员在行车中应当管控好自己的行为，尽量避免"一心二用"。

注意力的转移，是指驾驶员能够主动地、有目的地及时将注意力从一个对象调整到另一个对象。行车中，外部环境会同时给予驾驶员多个信息，然而这些信息对于行车安全会有不同程度的影响。驾驶员要能够把注意力从一个目标灵活转移到另一个目标，尤其是对行车安全影响较大的目标，及时辨识潜在危险。

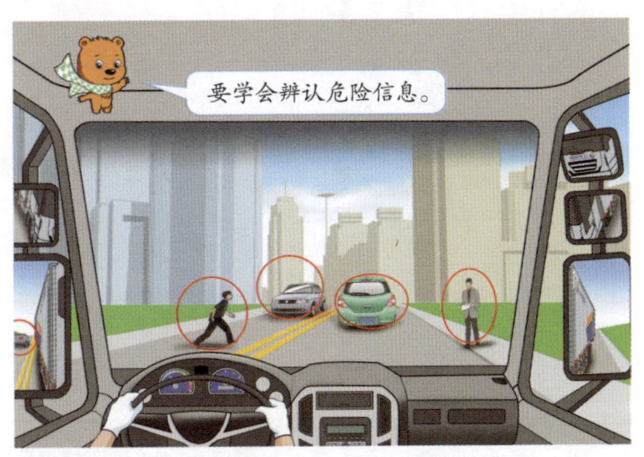

安全提示

驾车时使用电话影响行车安全

研究表明，驾车时接打电话或发短信，大脑的反应速度比酒后驾车时还要慢30%，比酒后驾驶更危险。驾车直接使用手机时，驾驶员视野变得狭窄、注意力分散，车辆行驶路线或速度出现异常，发生车祸的风险比正常驾驶时高出4倍。驾车使用蓝牙、耳机或者车载电话接打电话时，虽然解放了双手，但没有解放大脑，通话仍会分散注意力，存在安全隐患。

二 驾驶员的典型驾驶心理

行车中，驾驶员的心理状态是影响安全驾驶的重要因素之一。易发生事故的驾驶员往往具有特定的心理特征，使其比一般驾驶员更容易发生事故。驾驶员了解常见的不良驾驶心理及其危害，有利于及时调节和纠正，防范事故发生。

1 对自身有正确的认知

有些驾驶员自恃经验丰富、技术过硬，认为"事故不可能发生在我身上，也不可能因我而起"，心存侥幸地出现酒后驾驶、在交叉路口闯红灯、驾驶"带病"车辆上路、侥幸通过危险路段等危险驾驶行为，为行车安全埋下极大的安全隐患。

有些驾驶员在熟悉的道路、简单的交通环境条件下行车，容易放松警惕，甚至在处理道路交通情况时自以为是，对道路上的安全风险失去警惕性，安全敏感性降低，疏忽关键的安全细节，容易出现紧急情况。

累计安全行驶里程高，只是代表驾驶员以前在安全行车方面做得很好，但驾驶员应当始终保持谦虚谨慎的态度，正确认识自己的不足，这样才能保持更好的安全业绩。而有些驾驶员受到安全先进表彰后，就开始自我感觉驾驶技术已熟练，对自身的不良驾驶习惯视而不见，非常危险。

2 保持谦让、宽容的心态

谦让是在不伤害自己、他人或危及社会的情况下，作出合理的让步。宽容是以宽容的心态对待他人，理解、容纳与尊重他人。谦让、宽容是一种利人利己、有益社会的驾驶心态。

行车中，有些驾驶员认为自车的车体较大，其他车辆必须让自己，以至当其他车辆不让行时，驾驶员认为是对方不懂事，辱骂对方甚至采取报复性驾驶行为；有些驾驶员很少顾及自己的行为对他人的不良影响，长时间骑轧车道线行驶，在道路出入口处不按次序排队，而是强行加塞。

有些驾驶员遇到前方车辆占道慢行、强行加塞，或者夜间会车时对向来车不关闭远光灯等，会立即火冒三丈，产生不满或愤怒情绪，采取鸣喇叭抗议、强行超车、丝毫不让对方、挤加塞车辆、开远光灯对射等危险驾驶行为，而忽视了对周边交通情况的判断与处理。

随意变道诱发路怒驾驶

2015 年 5 月 3 日下午，成都市三环路娇子立交桥附近，女驾驶员卢某变道驶出三环主路时，迫使张某紧急制动，以致坐在张某车内后排座椅上的孩子的脸碰在车窗上，孩子哇哇大哭，张某的车辆也被逼出了三环主路。在驶入辅路后，张某立即加速，在辅路上逼近卢某，但是卢某随后从另一侧紧贴过来，几乎将张某的车逼上人行道，差点撞上路边一位行人。在一系列报复性行为后，张某将卢某逼停并将卢某拖出车外，连续击打卢某的头部和面部。卢某被打后，颈部、手臂、

腿部和脸上都有明显淤青，有脑震荡，并且右肩骨折。经法医学鉴定，卢某伤情为轻伤二级。

事件发生后，张某因涉嫌寻衅滋事，被依法刑事拘留。2015 年 8 月 21 日，成都市锦江区人民法院对张某故意伤害案一审公开宣判，以故意伤害罪判处被告人张某有期徒刑 8 个月，缓刑 1 年。

遇到外界环境的刺激时，驾驶员保持冷静，告诫自己不冲动，听听喜欢的音乐，保持情绪稳定，对于确保行车安全非常重要。

3 不盲目从众，主动预防危险

从众心理是一种常见的心态，主要表现为心理上对他人的追随和迎合，以及对自己的宽慰和谅解。有些驾驶员在观察到其他交通参与者不遵守通行规则时，认为“法不责众”，就放松对自己的要求，开始尝试着冒险，甚至模仿他人采取违法的驾驶行为，比如，在拥堵路口、路段模仿他人不按规定有序排队，采取抢行、加塞、占用应急车道等危险驾驶行为。这种从众心理一旦演变成习惯，将会严重影响行车的安全。

有些驾驶员把自己的安全和顺利通行寄托在对方驾驶员身上，当自己采取占道行驶、抢行通过、越线会车等违法驾驶时，寄希望于对方驾驶员能礼让，先慢、先让和先停，以致造成严重的交通冲突。

4 保持乐观的心态

保持乐观心态的人，能够心平气和地对待当前的各种境遇。有些驾驶员在工作、家庭、生活、婚姻等方面出现问题或者不如意时，会出现思想负担过重、精神压力大、情绪低沉等情况。在这种心理状态下，驾驶员的注意力不能集中到驾驶车辆上来，反应变得迟钝，遇到紧急情况时惊慌失措、手忙脚乱，极易发生交通事故。

在遇到烦心事时，驾驶员要多想想生活美好的一面，暂时忘记不愉快的事情，卸下思想包袱，如使用自我解嘲来调节失衡的心理，比如“吃亏是福”“破财免灾”“有失有得”“难得糊涂”等，冷静看待外界的刺激，用幽默的方法调整心态。

三 驾驶员心理调节方法

在生活和工作中，驾驶员做好自我心理调节，缓解心理压力，保持良好的精神状态和心理状态，有利于行车安全。

驾驶员平时要注意与亲人建立和谐的家庭关系，与同事建立有益的、愉快的合作关系；多参与一些有益的业余文体活动，比如听音乐、散步、慢跑，增加生活的情趣，减轻心理压力。纠正不良生活习惯，保证充足的睡眠，能够消除精神和体力上的疲劳。

性格内向的驾驶员要加强与亲人、朋友、同事和领导的交流和沟通，敢于把自己不愉快的事情向亲人或知心朋友倾诉，及时向同事和领导反映内心所困惑的问题。性格外向的驾驶员要提高心理承受力，坦然对待道路上的各种不良驾驶行为，理解对方，时常用警示语进行自我提醒，如“我在开车，不能想别的”“稍有疏忽就会伤害无辜”“事故发生就在一瞬间”等。

驾驶员要坚持学习，积极参加安全教育培训活动，了解交通事故的教训，增强守法的自觉性，提高自我防范意识和应急处置能力，在遇到险情时能够沉着、果断，处变不惊，采取相应的对策化险为夷，转危为安。

第二节 道路运输驾驶员的常见生理疾病及预防知识

驾驶员经常会面临长时间驾驶、长时间处于高度紧张状态、缺乏运动和饮食不规律等不良生活方式，因此，会不同程度地患有颈椎病、腰椎病、胃病等生理疾病，对行车安全构成威胁。本节中，驾驶员通过学习生理健康对行车安全的影响、常见生理疾病及预防措施等知识，能够采取措施做好自我生理状态的调节，保障行车安全。

一 驾驶员生理健康对行车安全的影响

驾驶员开展运输作业，具有点多、线长、操作独立性强、活动自由度大等特点，疲劳、饮酒、疾病和服用药物等会促进驾驶员生理状况的变化，从而影响驾驶安全。

1 疲劳驾驶

疲劳驾驶是指驾驶员在休息不好或长时间连续驾车后，造成心理机能和生理机能的失调，而在客观上出现驾驶安全性下降的现象。疲劳驾驶时，驾驶员的观察能力、判断能力和操控能力会受到严重影响，为行车安全埋下隐患，其危害主要体现在以下几个方面：

（1）感知、判断能力下降。疲劳驾驶时，驾驶员容易发困、恍惚、注意力分散，反应迟钝、视野范围减小，无法对空间距离、障碍物的远近距离和车速进行准确判断，对常见的安全风险“视而不见”。

（2）操控能力下降。驾驶员疲劳后，反应迟钝，动作的连贯性变差，车速和方向控制不稳定，在遇到突发的交通事件时，很难及时地制动。

案例

连续驾驶产生疲劳，客车失控造成重大安全事故

2014年8月25日，驾驶员马某驾驶一辆大型客车，从新疆乌鲁木齐市米东区车站开往宁夏固原县。8月26日12时14分，车辆行驶到连霍高速公路甘肃省酒泉市瓜州县境内时，驾驶员过度疲劳驾驶，导致车辆失控，突然向左冲破道路中央隔离护栏，驶入对向车道，与对向行驶的货车相撞，造成15人死亡，35人受伤。

据事后调查，马某从8月16日至26日驾驶客车往返新疆与宁夏5趟，行程达2万多km，长期高强度驾驶大型客车，睡眠严重不足，过度疲劳驾驶，导致车辆失控引发事故。马某对这起事故负全部责任，涉嫌交通肇事罪，由于马某已在事故中死亡，免于追究其刑事责任。

2 饮酒

酒精会影响驾驶员的中枢神经系统，饮酒后驾驶的危害主要体现在以下几个方面：

（1）驾驶员视觉能力变差，注意力、判断能力下降，反应变得迟钝，错误操作增多。

（2）驾驶员容易高估自己的能力，不理睬他人的劝告，行为变得草率，倾向于采取冒险的驾驶行为。

饮酒驾驶的认识误区

驾驶员往往对饮酒是否会影响驾驶存在一些认识误区，比如，酒量大的人喝酒后不会影响驾驶，少量饮酒可以缓解压力，少量饮用低度酒不会影响驾驶。实际上，不分酒量大小，喝酒后，血液酒精浓度都会相应地升高，麻痹神经，影响驾驶员的反应能力和操控能力。

3 疾病、药物

驾驶员患有疾病或服用药物，对行车安全的影响主要体现在以下几个方面：

（1）在重感冒、发烧等不适情况下驾驶，注意力和反应能力会大大降低，动作不协调，动作准确性下降。

（2）高血压患者的血压控制不好会出现头疼、头晕等症状，注意力和反应能力下降，此外还容易因外界刺激而产生情绪波动；高血脂患者因血液黏稠容易疲劳，注意力和反应力下降。

（3）吸食、注射毒品或者服用镇定、止痛类药物后，驾驶员的反应会变得迟钝，注意力易分散。

药物对行车安全的影响

服用治疗感冒和各种炎症的解热、镇痛、消炎止咳药，如阿司匹林、扑热息痛、非那西汀、安乃静、可达因和各种抗菌素后，人的视力、听力、注意力会减退；反应能力、动作协调能力下降；使人疲倦、瞌睡或头晕等。

服用抗过敏药物，如扑尔敏、苯海拉明等，对中枢神经系统抑制作用明显，可引起瞌睡、头晕、头痛、口干、恶心、呕吐及上腹部不适等不良反应。

二 驾驶员常见生理疾病及危害

1 脊椎病

脊柱是人体的一个重要组成部分，可保护中枢神经，承担身体重量，且对外界的作用力具有缓冲作用。不同的身体姿势给脊柱造成的负担不同，比如，躺着睡觉时脊柱负担较轻；弯腰抬重物时，脊柱负担会很重。

长时间驾驶、坐姿和体位不正确是引起脊椎病的主要原因。驾驶员长期保持错误的坐姿会加重脊柱和椎间盘的负担，导致脊椎、颈椎和腰背等部位发生病变，表现出颈部、肩部、背部、腰部和肢体疼痛、麻木等病症。当驾驶员出现脊椎病变时，会因疼痛分散注意力，影响驾驶员对车辆的操控能力。

2 颈椎病

较轻的颈椎病症为头部、颈部、肩臂麻木疼痛，重者可致肢体酸软无力、头昏乏力、心慌和胸闷。驾驶员患有颈椎病，不仅会影响驾驶员的驾驶操作，而且还容易因疼

痛而分散驾驶员的注意力，降低其辨识交通风险和应对紧急情况的能力。长时间连续驾驶、操作不规范和紧急制动是引起颈椎病的主要原因。

3 肩周炎

肩周炎的主要症状为肩关节疼痛、肌肉无力、肩部活动障碍等。发病初期，肩部轻度酸痛，逐渐加重；严重者，稍一触碰，疼痛难忍。驾驶员患肩周炎后，由于肩关节疼痛和活动受限，对车辆的操控能力会下降。长时间驾驶和不正确的驾驶姿势是引起肩周炎的主要原因。

4 胃病

胃病是驾驶员常见的生理疾病之一，常见为消化不良、胃部疼痛，严重者会引起胃肠大出血。胃病发作时，绞疼感易使驾驶员分散注意力，影响行车安全。长期不合理、不规律的饮食习惯，是引起胃病的主要原因。

5 其他疾病

驾驶员在道路状况不好，特别是遇到堵车、他人强行加塞或交通事故等情况时，情绪容易波动，烦躁不安，甚至容易加重失眠、焦虑等方面的疾病，也易引起高血压等疾病。

长期久坐，空间密闭，温度高，会影响男性驾驶员生殖能力。此外，驾驶员还会因为长时间憋尿而引起泌尿系统方面的疾病，如前列腺炎、泌尿系统感染及功能性排尿障碍等疾病。

三 驾驶员常见生理疾病的预防措施

1 加强运动和锻炼

人体长时间保持一个姿势时，血液会不流通，人的身体状态会发生变化，因此，在起步前，驾驶员要根据自己的身高、体形调整好座椅位置，在驾驶过程中能够保持正确的驾驶姿势：伸直腰，后背轻靠在靠背上；肘部微弯曲，膝盖微弯曲，能够轻松自如地踩踏板。

在等信号灯或遇到交通拥堵时，驾驶员可以坐在座位上做头部、颈部、手部、腿部、肩部和背部运动。通过不同行为状态的变换，促进血液循环，缓解紧张状态和调节情绪。

小知识

驾驶员简易活动方法

驾驶员保持一个感觉比较放松的坐姿或站姿时，双手十指交叉，尽量向前伸展，然后再收回放松，重复若干次；双手十指交叉尽量向上伸展，然后再收回放松，重复若干次；把右手绕过头放在左肩上，左手搭在右臂上，尽量往左侧压，然后把左手绕过头放在右肩上，右手搭在左臂上，尽量往右侧压，重复若干次。

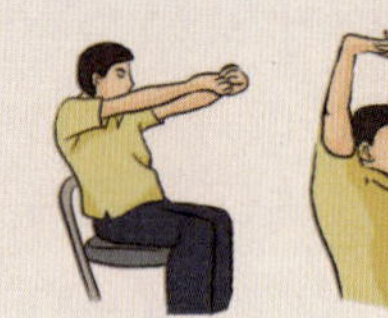

2 注意搬运物品时的姿势

在乘客上下车或装卸货物时，驾驶员常常会帮着提拿、摆放行李或货物，不正确的提拿和搬运动作会使椎间盘和脊柱异常负重，造成背部疼痛和脊椎损伤。因此，驾

驶员在提拿行李或搬运货物时，要注意以下两点：

（1）在抬起重物或提起行李时，驾驶员不应弯腰去抬或提拿，而应先半蹲下来，充分利用腿部和腹部的力量慢慢抬起重物或提起行李，在整个过程中都应注意保持背部挺直。

（2）在搬抬物品行走时，驾驶员应保持背部挺直，双手抱持物品，并使物品向身体侧靠近，借用身体来分担物品的重量，减轻脊椎的负担。

3 保持充足的睡眠和健康的饮食习惯

在睡眠状态中，全身肌肉组织迅速放松，心脏的收缩频率降低，呼吸节律趋于均匀，机体的新陈代谢大大减缓，有利于人体各器官，特别是大脑得到充分休息。而且，23时至1时通常为人体的造血时间，对人体保持健康非常重要。生物学研究表明，20～50岁的人每天获得充分休息所需的睡眠时间一般为7～8h，在一天中总的行车时间以不超过10h为宜，深夜行车以连续不超过2夜为宜。

驾驶员执行长途运输任务时，往往会因心理负担过重而引起失眠，对此，驾驶员可以采取淋浴、用温水泡脚等方式促进睡眠。入睡前，驾驶员不要收看刺激性强的电视节目，不要喝咖啡、饮浓茶或者吃油腻、辛辣的食物。

驾驶员要安排好用餐时间，坚持吃早餐，饮食注意营养均衡，每餐进食以七八成饱为好，不要暴饮暴食，进餐速度要适中。运输途中要及时饮水补充水分。

第四章 道路运输车辆使用常识

汽车是驾驶员开展道路运输活动所运用的重要工具，驾驶员了解车辆的技术性能要求和使用要求，可以更科学、合理地使用汽车，使汽车尽可能保持完好的技术状态，确保道路运输工作的正常进行。本章介绍了道路运输车辆安全装置与备品使用、车辆动态监控系统、车辆维护、车辆故障识别与处理方法等知识。

第一节 道路运输车辆安全装置与备品使用

道路运输车辆是驾驶员从事道路运输活动的重要工具。本节中，驾驶员通过学习《机动车运行安全技术条件》（GB 7258）和《道路运输车辆综合性能要求和检验方法》（GB 18565）中有关汽车制动系统、轮胎、安全带、应急出口等的使用常识，能够正确使用车辆的各种安全装置，对于保持汽车完好的技术状况或工作性能，保障行车安全具有重要的作用。

一 汽车制动系统

按照规定，机动车应设置足以使其减速、停车和驻车的制动系统或装置，制动系统是保证车辆运行安全的重要部件。

1 行车制动系统

行车制动系统是通过驾驶员操作制动踏板产生制动作用，以保证驾驶员在行车过程中能控制车辆安全、有效地减速和停车。制动器是行车制动系统的重要组成部分，主要有鼓式制动器和盘式制动器两种。相对于鼓式制动器，盘式制动器具有散热性好、制动效能稳定等优点。车长大于9m的客车、危险货物运输车辆的前轮必须安装盘式制动器。

除三轮汽车外，汽车的行车制动必须采用双回路或多回路设计，即车辆的行车制动由两组或两组以上独立的行车制动回路组成，当其中一组回路失效时，虽然制动效能有所减弱，但驾驶员依然可以利用另一组完好的制动回路完成减速或停车。

2 气压制动系统

目前，4t以上的载货汽车、客车普遍装配有气压制动系统。汽车气压制动具有制动

力矩大、踏板行程短、操纵轻便、使用可靠等优点，此外，对长轴距、多轴和拖带半挂车、挂车等能够实现异步分配制动，安全性能更好。采用气压制动的车辆，应满足以下要求：

（1）当气压升至600kPa时，空气压缩机停止运转3min，其气压降低值不大于10kPa。在气压600kPa的情况下，空气压缩机停止运转，将制动踏板踩到底，待气压值稳定后观察3min，单车气压降低值不大于20kPa，汽车列车气压降低值不超过30kPa。

（2）采用气压制动的车辆，发动机在75％的额定转速下，车载气压表的指示气压从零升至起步气压的时间，汽车列车不大于6min，其他车辆不大于4min，未标起步气压的，按400kPa计。

（3）气压制动系统的低压报警装置工作正常，制动系统故障报警装置无报警信号输出。

汽车列车制动系统应符合以下性能要求：

（1）制动时序。挂车各轴的制动动作应不滞后于牵引车各轴的制动动作，汽车列车的制动协调时间不大于0.8s。

（2）制动力分配。牵引车（挂车）整车制动力与汽车列车整车制动力的比值不应小于牵引车（挂车）质量与汽车列车质量比值的90%。

二 汽车轮胎

卧铺客车和专用校车应装用无内胎子午线轮胎，危险货物运输车辆和车长大于9m的其他客车应当装用子午线轮胎。与传统的有内胎轮胎相比较，无内胎轮胎有较高的弹性和耐磨性，有良好的附着力和散热性能。一旦有尖硬物体刺入轮胎时，空气缓慢外泄，胎压不会急剧下降，安全性更高。当无内胎轮胎出现漏气、轮辋出现变形或锈蚀时，应立即送修。

公路客车、旅游客车的所有车轮及其他机动车的转向轮不得装用翻新的轮胎；其他车轮如使用翻新的轮胎，应符合相关标准的规定。翻新轮胎是指将已经磨损或其他原因损坏失去使用性能的轮胎，经翻修加工使之重新具有使用性能的轮胎。翻新轮胎标示有“RETREAD”或“翻新”字样，标志翻新次数和翻新批号。

轮胎的异常状态有很多，如异常磨损、撕裂、倾斜、切口、脱开等，见表4-1，驾驶员要分析轮胎异常状态产生的原因，改善驾驶操作。轮胎异常磨损时，应及时更换轮胎。具有磨损标志的轮胎，胎冠的磨损不得触及磨损标志；无磨损标志或标志不清的轮胎，乘用车和挂车的胎冠花纹深度应不小于1.6mm，其他车型的转向轮的胎冠花纹深度应不小于3.2mm，其余轮胎胎纹深度应不小于1.6mm。

三 安全带

客车的所有座椅、货车驾驶员座椅和前排乘员座椅应配备安全带，其中，驾驶员座椅、前排乘员座椅（货车前排乘员座椅的中间位置除外）、客车位于踏步区的车组

人员座椅，装置三点式（或四点式）汽车安　全带。
全带；卧铺客车的铺位应安装两点式汽车安

轮胎异常状态及形成原因　　表4-1

序号	异常状况特征	示意图	形成原因
1	胎面中部磨损严重		（1）轮胎气压长时间处于过高状态； （2）未及时进行轮胎换位
2	胎面两侧磨损严重		（1）轮胎气压长时间处于过低状态； （2）车辆经常性载重过大； （3）经常性在高速状态下进行急转向操作
3	胎面一侧磨损严重		（1）车轮定位不当，外倾角过小； （2）车辆装载不均衡，经常性偏载； （3）经常性在高速状态下进行急转向操作
4	胎面局部磨损严重		（1）车辆的悬挂系统或制动系统存在故障； （2）车轮出现径向跳动； （3）经常性采取急加速或急减速操作
5	胎面橡胶开裂或脱开	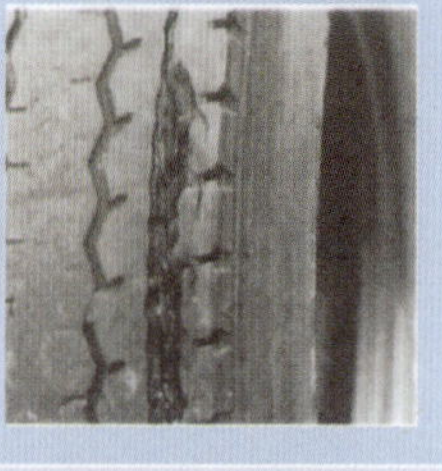	（1）轮胎气压长时间处于过低状态； （2）车辆经常性载重过大； （3）经常性高速行驶； （4）胎面受到路沿石的猛烈冲击； （5）轮胎花纹嵌入尖硬物体造成损伤
6	胎侧出现擦伤、裂纹、切口或鼓包	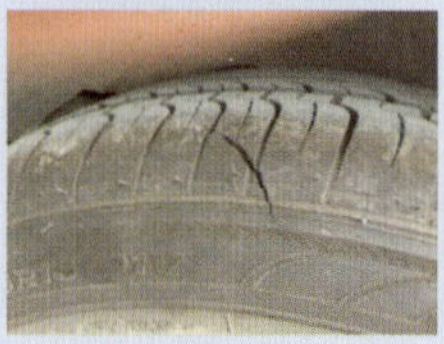	（1）轮胎气压长时间处于过低状态； （2）胎侧受到路沿石的猛烈冲击或剐蹭； （3）车辆经常性载重过大； （4）胎侧因油液等异物引起老化

案例

漠视安全带的作用，遇车祸伤亡惨重

2012年8月31日8时左右，驾驶员郭某驾驶一辆大型客车，沿连霍高速公路自西向东行驶至784km+420m处河南三门峡境内（该路段为下长坡弯路，且雨天路面湿滑），郭某猛踩制动踏板减速时，致使车辆发生侧滑，撞击道路左侧桥面护栏后，翻至道路右侧边沟中，造成11人死亡、14人受伤。

事故调查发现，肇事客车的座位虽然全部安装有安全带，但40%的座位配备的安全带不能正常使用。郭某在发车前未履行安全告知义务，未提醒旅客系安全带，客运站也未对出站车辆旅客系安全带的情况进行检查。从事故的后果来看，客车左前部直接撞击地面的部分变形较为严重，车体大部分变形不严重，未影响内部生存空间，大部分旅客是先被甩出车外，后被肇事车辆砸压致死。如果旅客能够正确使用安全带，必然会大大减少事故的伤亡人数。

四 应急出口

为了保证车内乘客在紧急情况下能够迅速撤离车辆，客车均设有应急出口，主要包括应急门、应急窗和撤离舱口。

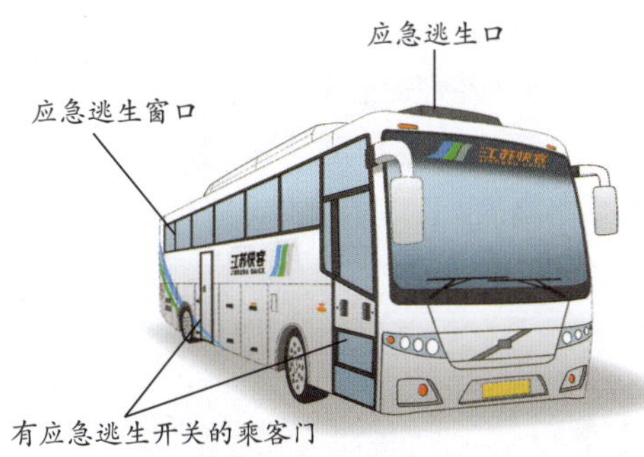

1 应急门

车长大于或等于6m的客车，如车身右侧仅有一个乘客门且在车身左侧未设置驾驶员门，则在车身左侧设置有应急门。当车辆停止时，可以从车内和车外方便地打开应急门。采用动力启闭车门的客车，车门应急控制器齐全、完好，应急控制器附近标有清晰的符号或字样，并注有操作方法。所有应急门都提供声响装置，在应急门未完全关闭时提醒驾驶员。

2 应急窗

车长小于6m的客车，在乘坐区的两侧有

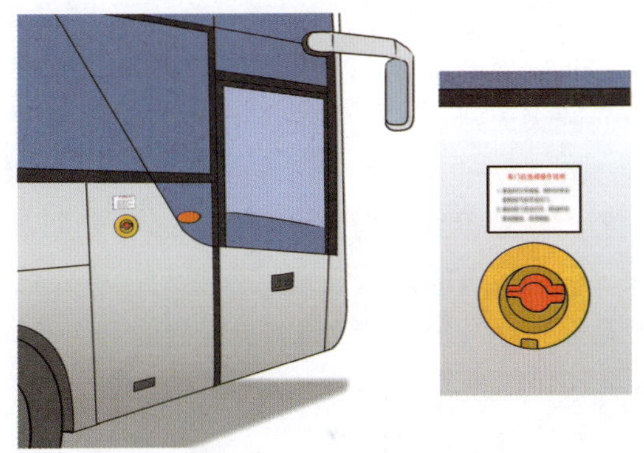

乘客在紧急情况下易于逃生或救援的侧窗。卧铺客车的卧铺布置为上、下双层时，侧窗洞口应为上、下两层。每个应急窗的附近都设有“应急出口”字样，封闭式客车的每个应急窗邻近处设有安全手锤等玻璃破碎装置。

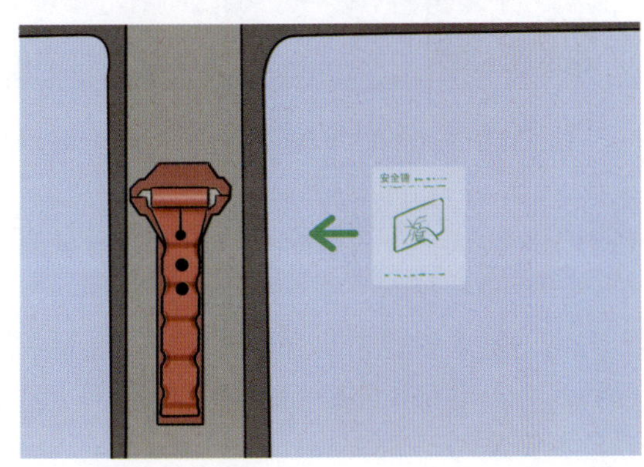

3 撤离舱口

撤离舱口是指仅在紧急情况下供乘客作

为应急出口的车顶或地板上的开口，即应急顶窗和地板出口。车长大于7m的客车设置有撤离舱口，乘客数量少于或等于50人的，最少设有1个撤离舱口；乘客数量大于50人的，最少设有2个撤离舱口。

撤离舱口被锁住时，可以用正常的开启或移开机构将其从车内打开或移开。撤离舱口被开启后，从车内外进出均会很通畅。

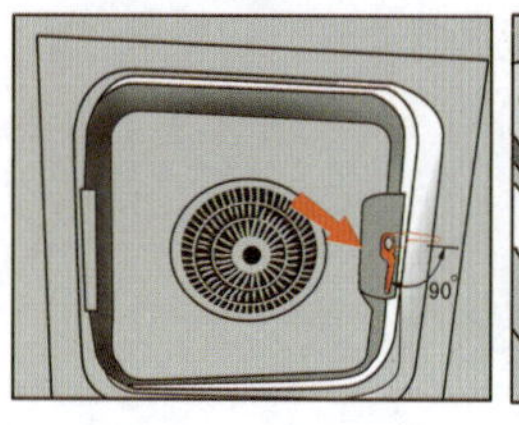

五 灭火器材、警示牌和停车楔

道路运输车辆应随车配备与车辆类型相适应的灭火器，灭火器应在有效期内，并安装牢靠和便于取用。对于客车，仅有一个灭火器时，应设置在驾驶员附近。当有多个灭火器时，应在客厢内按前、中或前、中、后分布，其中一个应靠近驾驶员座椅。

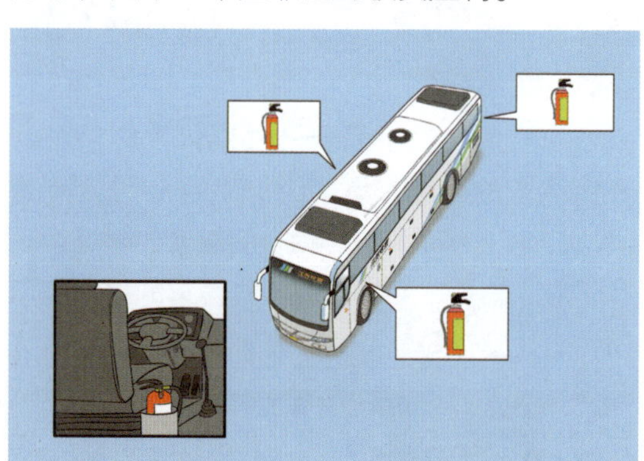

发动机后置的客车应装备发动机舱自动灭火装置，自动灭火装置应工作正常有效。自动灭火装置主要由易燃线和干粉喷粉装置组成。喷粉装置安装在发动机高温热源部件上方，当发动机舱内起火（或高温）引燃易燃线时，自动引爆干粉喷粉装置喷粉，达到自动灭火效果。

汽车（无驾驶室的三轮汽车除外）应装备有符合规定的危险警告标志和不少于两只停车楔，并妥善放置。

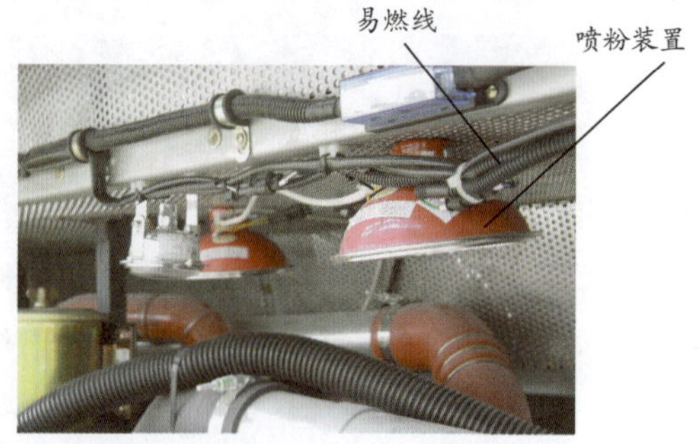

六 车身反光标识

货车、挂车侧面和后部的车身反光标识和尾部标志板应符合以下设置要求，且完好、无污损：

（1）总质量大于或等于12t的货车（半挂牵引车除外）和车长大于8m的挂车及所有最大设计车速小于或等于40km/h的汽车和挂车，应设置符合规定的车辆尾部标志板。

（2）半挂牵引车应在驾驶室后部上方设置能体现驾驶室的宽度和高度的车身反光标识，其他货车和挂车（设置有符合规定的车辆尾部标志板的除外）应在后部设置车身反光标识。后部的车身反光标识应能体现机动车后部的高度和宽度，厢式货车和挂车应能体现货厢轮廓。

（3）所有货车（半挂牵引车除外）和挂车应在侧面设置车身反光标识。侧面的车身反光标识长度应不小于车长的50%，对货厢长度不足车长50%的货车应为货厢长度。

七 汽车和挂车侧面和后部防护装置

总质量大于3.5t的货车（半挂牵引车除外）和挂车两侧以及牵引车与挂车之间两侧应装备侧面防护装置，侧面防护装置应完好、稳固、有效。

除牵引车和长货挂车以外的，总质量大于3.5t的货车和挂车的后下部应装备符合规定的后下部防护装置，该装置应完好、稳固、有效。

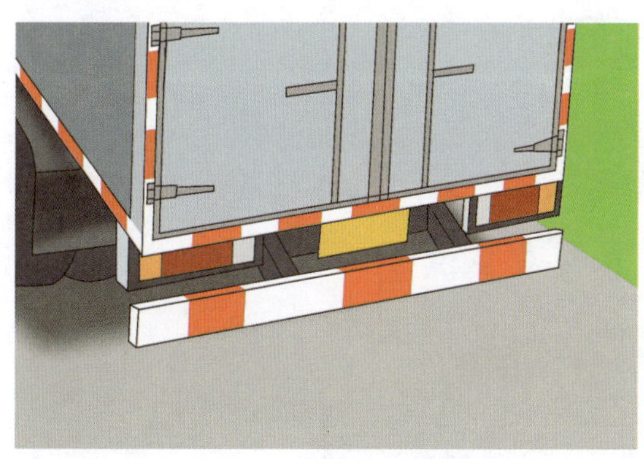

八 货运牵引车、（半）挂车连接、分离方法

1 牵引车与半挂车的连接

驾驶员应按以下要求进行牵引车与半挂车的连接操作：

（1）检查连接装置应安全可靠，无受损件或脱落件；

（2）检查牵引座、回转牵引销和牵引滑板清洁、无异物，有足够的润滑油脂；

（3）在半挂车轮胎下用三角木垫稳，放下半挂车支承装置且使其与地面连接稳固，调整支承装置高度，使牵引滑板比牵引座上平面中心位置低约10~30mm；

（4）操纵牵引座的锁止机构，使锁止块张开，呈自由状态；

（5）由专人指挥将牵引车缓慢直线后倒，在牵引车座与牵引销连接后，将牵引座的锁止机构置于“锁止”位置，并停止倒车；

（6）连接牵引车与半挂车之间的制动管路接头和灯用电缆插头（注意同色接头相连接），收起挂车支承装置；

（7）拧开牵引车的气路连接分离开关，使其处于通气状态；起动发动机，观察气压表，检查气路无漏气，制动系统工作正常；

（8）检查灯光信号正常，检查牵引车与半挂车之间的匹配高度、回转空间应符合要求。

2 牵引车与半挂车的分离

驾驶员应按以下要求进行牵引车与半挂车的分离操作：

（1）选择平坦、坚实的地面停车，保持牵引车与半挂车成一条直线，确保半挂车制动器完全制动；

（2）放下挂车支承装置，且使其与地面连接稳固；旋转摇把，稍抬高半挂车牵引滑板，解除对牵引车的全部载荷；

（3）断开制动管路接头和灯用电缆的插头，开启牵引座的锁止机构；

（4）将牵引车慢慢驶离半挂车，使牵引座与牵引销完全脱离；

（5）检查半挂车各部件无异常，松开储气筒下部的放水阀，排出筒内积水。

第二节 道路运输车辆动态监控系统

为加强道路运输车辆动态监督管理，预防和减少道路交通事故，交通运输部联合公安部、国家安全生产监督管理总局制定了《道路运输车辆动态监督管理办法》，自2014年7月1日起施行。本节中，驾驶员通过学习道路运输车辆安装使用动态监控系统要求、系统使用方法等知识，能够发挥动态监控系统在道路交通安全保障的作用，预防和减少道路交通事故。

一 卫星定位装置的安装要求

用于公路营运的载客汽车、危险货物运输车辆、半挂牵引车以及重型载货汽车（总质量为12t及以上的普通货运车辆），必须安装和使用具有行驶记录功能的卫星定位装置，并接入符合要求的监控平台。新购置的旅游客车、包车客车、三类以上班线客车、危险货物运输车辆、半挂牵引车以及重型载货汽车，在出厂前应安装符合标准的卫星定位装置。

道路运输经营者在新增车辆或更换现有车辆的卫星定位装置时，应了解该车辆所安装卫星定位装置的基本信息，确认该装置是否列入交通运输部发布的标准符合性技术审查公告。

在办理营运手续时，道路运输车辆安装卫星定位装置及接入系统平台的情况属于审核内容。未按照要求安装卫星定位装置，或者已安装卫星定位装置但未能在联网联控系统（重型载货汽车和半挂牵引车未能在道路货运车辆公共平台）中正常显示的车辆，不予发放或者审验《道路运输证》。

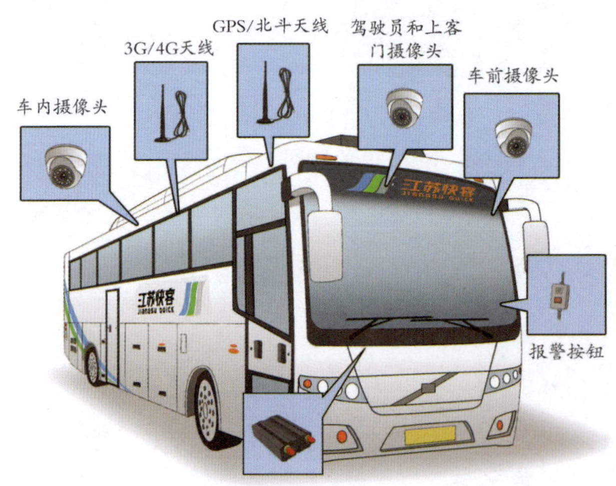

车载卫星定位终端装置

二 对道路运输车辆实施动态监控的要求

道路运输企业应当根据法律、法规的相关规定以及车辆行驶道路的实际情况，设置卫星定位装置监控超速行驶和疲劳驾驶的限值，以及核定运营线路、区域及夜间行驶时间等，在所属车辆运行期间对车辆和驾驶员进行实时监控和管理。对存在交通违法信息的驾驶员，道路运输企业在事后应当及时给予处理。

道路运输车辆卫星定位系统的基本功用

卫星定位系统包括车载终端和监控平台两个部分。

车载终端可以为驾驶员提供实时的时间、经纬度、速度和方向等定位状态信息，可以记录事故疑点、行驶状态、车辆行驶里程等信息，并具有以下安全驾驶辅助功能：

（1）当车辆驶入禁入区域、驶出禁出区域或者驶离设定的路线时，系统自动报警；

（2）当车辆出现超速行驶、疲劳驾驶、超时停车、蓄电池欠压等情形时，系统自动报警；

（3）当遇到抢劫、交通事故、车辆故障等紧急情况时，驾驶员可以通过触动应急报警按钮向监控中心报警。

监控平台包括政府监管平台和企业监控平台，其中企业监控平台主要实现对接入平台的车辆的安全运营状况进行实时监控，具备报警及警情处理、车辆监控管理、历史轨迹回放、定时定位车辆查询、车辆视频监控等基本功能以及偏离路线报警、线路关键点监控、区域报警、分路段限速监控、疲劳驾驶报警、驾驶员身份识别、营运线路查询、乘客超员监控等业务功能。

监控人员实时分析、处理车辆行驶动态信息，及时提醒驾驶员纠正超速行驶、疲劳驾驶等违法行为；对经提醒仍然继续违法驾驶的驾驶员，及时向企业安全管理机构报告，由安全管理机构采取措施制止；对拒不执行制止措施仍然继续违法驾驶的，道路运输企业及时报告公安机关交通管理部门，并在事后解聘驾驶员。

三 卫星定位装置的使用要求

新出厂车辆安装的卫星定位装置，任何单位和个人不得随意拆卸。任何单位和个人不得破坏卫星定位装置以及恶意人为干扰、屏蔽卫星定位装置信号，不得篡改卫星定位装置数据。

卫星定位装置的使用方法

（1）出车前、行驶中和收车后，驾驶员应对车辆卫星定位装置的工作状况进行检查，保证设备各部件运行正常。发现故障或者工作状况不正常时，及时报修。

（2）车辆运行中，驾驶员应注意收听车辆卫星定位装置的提示信息，及时纠正违法驾驶行为。

道路运输经营者应当确保卫星定位装置正常使用，保持车辆运行实时在线。卫星定位装置出现故障不能保持实时在线的道路运输车辆，道路运输经营者不得安排其从事道

路运输经营活动。

四 违规使用卫星定位装置的处罚规定

道路运输经营者使用卫星定位装置出现故障不能保持在线的运输车辆从事经营活动的，由县级以上道路运输管理机构责令改正，拒不改正的，处800元罚款。

破坏卫星定位装置以及恶意人为干扰、屏蔽卫星定位装置信号的，或者伪造、篡改、删除车辆动态监控数据的，由县级以上道路运输管理机构责令改正，处2000元以上5000元以下罚款。发生两次及以上上述行为的，取消相应营运资质和从业资格。

发生道路交通事故且具有上述违规情形的，依法追究相关人员的责任；构成犯罪的，依法追究刑事责任。

第三节 道路运输车辆维护知识

安全设施不全、机件不符合技术标准或者车辆达到报废标准等为行车安全带来了隐患，驾驶员不得驾驶此类机动车上道路行驶。车辆使用过程中，驾驶员除按照机动车生产企业的要求进行车辆维护外，还应执行车辆维护制度。本节中，驾驶员学习车辆日常维护、一级维护和二级维护等知识，对于保持车辆良好的技术状况具有重要的作用。

一 车辆日常维护

车辆日常维护是由驾驶员在每日出车前、行车途中和收车后负责执行的车辆维护作业，其作业中心内容是清洁、补给和安全检视。

1 出车前安全检视

出车前，驾驶员应按照以下步骤进行车辆安全检视：

（1）查看车辆维修情况。驾驶员先根据报修单对车辆维修部位进行检查，确保问题已经得到解决。

（2）检查发动机舱内情况。先确认车辆的驻车制动器操纵杆处于拉紧状态，再打开发动机罩，检查风扇传动带情况及发动机润滑油、冷却液、制动液、风窗玻璃清洗液等是否充足，有无渗漏。

（3）检查驾驶室及车厢内部情况。在起动发动机前，检查安全带、后视镜、转向盘、制动踏板、离合器踏板、加速踏板、驻车制动操纵杆及车厢内座椅、应急出口、车内灯等的情况；起动发动机后，检查仪表指示灯、发动机异响等情况。安装有卫星定位系统车载终端的车辆，检查车载终端的工作状况。

（4）检查随车工具。检查灭火器、安全锤、危险警告标志、三角垫木、千斤顶、轮胎扳手等的情况。

（5）检查车辆灯光、信号。检查前照灯、制动灯、转向灯、示廓灯、危险报警闪光灯等是否正常，检查挂车的各种信号灯是否正常。检查灯光、信号装置时，可在同伴的配合下或者利用墙壁的反射进行确认。

（6）检查车辆外观。从左前部开始绕车一周，检查车辆轮胎、制动管路、转向横直拉杆与球销、悬架、储气筒、防护装置、备胎、油箱及挂车支撑、连接装置等安全部件的情况，货车驾驶员还应检查货物的装载和固定情况。

（7）检查车辆制动性能。完成车辆静止状态下的所有检查项目后，再对车辆的制动系统进行试车检查，方法为：起动发动机以5km/h的速度直线行驶，然后采取紧急制动，检查车辆是否能够立即停止、是否出现跑偏、踩踏制动踏板的感觉是否有异常。

2 行车途中安全检视

行车中，驾驶员要注意查看仪表，查听发动机及底盘声音，并定期停车对车辆外部进行检视，发觉操纵困难、车身跳动或颤抖、机件有异响或有异常气味、冷却液温度异常时，及时解决和排除：

（1）行驶中发动机动力突然下降，应立即停车检查冷却液或润滑油量（冷却液温度高时不能打开水箱盖）。

（2）行驶中转向盘的操纵变得沉重并偏向一侧，应立即停车检查轮胎气压。

途中停车时，驾驶员应检查以下项目：

（1）检查冷却液和润滑油量，应无漏水、漏油，气压制动应无漏气现象。

（2）检查轮胎外表无严重磨损、无异物，胎侧无割裂伤，胎压符合要求。

（3）检查车轮制动器应无拖滞、发热现象，驻车制动器作用可靠。

（4）检查转向、制动装置和传动轴、轮胎、悬架等各连接部位，应牢固可靠。

（5）检查装载货物应捆绑、固定牢固，覆盖严实；货厢栏板锁止机构无松动。

3 收车后安全检视

回场后，驾驶员要对车辆进行清洁、检查，针对当天车辆运行中出现的异常情况填写报修单，由专业维修人员及时开展维修作业。主要安全检查项目如下：

（1）检查汽车应无漏油、漏水、漏气现象，视需要补充燃油、润滑油和冷却液。

（2）检查轮胎气压应符合要求，胎间及表面无杂物。

（3）检查风扇等的传动带应完好，且松紧度合适。

（4）检查轮胎螺母和半轴螺母应无动。

（5）打扫车厢和驾驶室，清洗底盘和清洁整车外表，同时查看各部位应无破损。

二 车辆一级维护

一级维护除日常维护作业外，以润滑、紧固为作业中心内容，并检查有关制动、操纵等安全部件。具备维护作业能力的道路运输企业可以对自有车辆进行一级维护，不具备一级维护作业能力的道路运输企业可以委托具备相应资质的汽车维修企业进行一级维护。

机动车维修配件质量管理

根据《机动车维修管理规定》（交通运输部令 2016 年第 37 号）的规定，机动车维修经营者不得使用假冒伪劣配件维修机动车。托修方、维修经营者可以使用同质配件维修机动车。同质配件是指，产品质量等同或者高于装车零部件标准要求，且具有良好装车性能的配件。

机动车维修经营者应当将原厂配件、同质配件和修复配件分别标识，明码标价，供用户选择。机动车维修经营者对于换下的配件、总成，应当交托修方自行处理。

机动车维修经营者使用假冒伪劣配件维修机动车，承修已报废的机动车或者擅自改装机动车的，由县级以上道路运输管理机构责令改正，并没收假冒伪劣配件及报废车辆；有违法所得的，没收违法所得，处违法所得 2 倍以上 10 倍以下的罚款；没有违法所得或者违法所得不足 1 万元的，处 2 万元以上 5 万元以下的罚款，没收假冒伪劣配件及报废车辆；情节严重的，由原许可机关吊销其经营许可；构成犯罪的，依法追究刑事责任。

三 车辆二级维护

二级维护除一级维护作业外，作业中心内容包括检查和调整转向节、转向摇臂、制动蹄片、悬架等经过一定时间的使用容易磨损或变形的安全部件，拆检轮胎，进行轮胎换位，检查调整发动机工作状况和排气污染控制装置等。

机动车维修质量保障

根据《机动车维修管理办法》的规定，机动车维修实行竣工出厂质量保证期制度。机动车维修经营者应当公示承诺的机动车维修质量保证期，所承诺的质量保证期不得低于以下要求：

（1）汽车和危险货物运输车辆整车修理或总成修理质量保证期为车辆行驶 20000km 或者 100 日；

（2）二级维护质量保证期为车辆行驶 5000km 或者 30 日；

（3）一级维护、小修及专项修理质量保证期为车辆行驶 2000km 或者 10 日。

质量保证期中行驶里程和日期指标，以先达到者为准。机动车维修质量保证期，从维修竣工出厂之日起计算。

在质量保证期和承诺的质量保证期内，因维修质量原因造成机动车无法正常使用，且承修方在 3 日内不能或者无法提供因非维修原因而造成机动车无法使用的相关证据的，机动车维修经营者应当及时无偿返修，不得故意拖延或者无理拒绝。

在质量保证期内，机动车因同一故障或维修项目经两次修理仍不能正常使用的，机动车维修经营者应当负责联系其他机动车维修经营者，并承担相应修理费用。

第四节 道路运输车辆常见故障的识别与处理方法

汽车故障是指汽车机件和电气设备部分或完全失去工作能力，致使车辆不能正常运行的现象。本节中，驾驶员通过学习、掌握发动机和底盘的常见故障及处置方法，能够在车辆发生故障后及时给予正确的处置，这对保障运行安全、降低燃油消耗、提高运输效率具有重要的作用。

一 汽车发动机常见故障处理

发动机是汽车的心脏，为汽车提供行驶动力，发动机常常出现机油压力过高或过低、机油消耗过多、发动机工作温度过高等故障，见表4-2，驾驶员应及时停车，关闭发动机，进行诊断、处理。

汽车发动机常见故障及处理方法 表4-2

故障类型	故障现象	处理方法
机油压力过高	（1）发动机在正常工作温度和转速下，机油压力报警灯亮； （2）发动机起动后，机油压力表显示压力剧增； （3）发动机运转中，机油压力表显示值突然增高； （4）有时机油压力表显示压力增高后，又突然降下来	尽快将车辆开至修理厂，如距修理厂较远，最好请求救援
机油压力过低	（1）发动机在正常工作温度和转速下，油压表显示在报警线以下或机油压力报警灯亮； （2）发动机起动后，机油压力表显示值迅速下降，甚至降至零； （3）检查机油尺，机油被稀释，黏度下降，油面升高，带有浓厚的汽油味或水泡沫	停车检查机油量，按需补充机油；如故障未能消除，应尽快将车辆开至修理厂；如距修理厂较远，最好请求救援
机油消耗过多	（1）机油消耗量逐渐增多，机油消耗率超过0.1～0.5L/100km； （2）排气管冒蓝烟，且有焦糊味道	检查发动机外部是否有机油泄漏，并请专业人员进行修理
发动机工作温度过高	（1）车辆行驶过程中，冷却液温度表显示超过95℃，并继续升温，甚至冷却液沸腾； （2）车辆行驶中，冷却液温度正常，停车后立即沸腾； （3）冷却液温度表显示值接近100℃，但冷却液不沸腾	（1）立即在安全路段（夏季选择阴凉处）停车，打开发动机罩，使发动机保持怠速运转进行降温，检查是否有漏水现象； （2）待发动机温度明显降低后（也可观察冷却液温度表），用湿毛巾或湿棉纱布包住水箱盖，先拧松放气，然后再完全打开，此时脸部要避开加注口，以防热气喷出烫伤脸部； （3）如冷却液量不足，及时添加冷却液，并防止喷出；如风扇传动带太松，调整传动带张紧度；其他原因请专业人员修理

汽车发动机出现故障时，其尾气颜色与正常工作时的尾气颜色不同，因此，驾驶员可以利用汽车尾气颜色的变化来判断车辆是否存在故障：

（1）如果汽车尾气无色或者略带白色，表明汽车处于健康状态。

（2）如果汽车尾气呈黑色，发动机出现抖动，加速时感觉无力，则表明出现混合

气过浓，需检查气门积炭、排气管内的氧传感器状况，及时处理。

（3）如果汽车尾气呈蓝色且有焦糊味道，加速时感觉无力，噪声变大，表明发动机正在烧机油，需检查发动机内部故障，及时处理，适量添加机油。

（4）如果汽车排气管可见大量白色水蒸气冒出并伴有发动机运转不平稳等状况，需检查发动机缸体汽缸垫是否有损伤，检查油箱内是否有积水，及时处理，添加标号正确的汽柴油。

二 汽车底盘常见故障

汽车底盘由传动系、行驶系、转向系和制动系四大系统组成。底盘常见的故障主要发生在离合器、变速器、制动系和转向机构等部位，底盘故障类型及处理方法见表4-3。

汽车底盘常见故障及处理方法 表4-3

故障类型	故障现象	处理方法
离合器分离不彻底	（1）发动机怠速运转或行驶时，完全踩下离合器踏板，挂挡困难或根本挂不上挡，并伴随有齿轮撞击声； （2）勉强挂入挡位后，未抬起离合器踏板，汽车就起步或出现发动机熄火	立即选择安全地方停车，检查离合器踏板自由行程，并进行调整。如故障未消除，不要盲目行驶，应尽快到修理厂处理
变速器挂挡困难	变速杆不能或勉强挂入挡位，或者挂入后很难脱挡	不要盲目行驶，应尽快到修理厂处理
变速器跳挡	汽车以某一挡位行驶时，当抬起加速踏板或遇颠簸时，变速杆自行跳到空挡的位置	不要盲目行驶，应尽快到修理厂处理
转向沉重	转动转向盘时，感觉沉重费力	不要盲目行驶，应向专业人员求助
气压制动不良	将制动踏板踩到底，车辆不能立即减速、停车	不要盲目行驶，应立即在安全地方停车检查，尽快到修理厂处理或者停驶并向专业人员求助
制动拖滞	行车中松抬制动踏板同时踩踏加速踏板后，明显感觉到车轮有阻滞作用，加速不充分；停车后，触摸制动鼓，感觉温度明显升高	立即在安全地方停车检查，如制动踏板自由行程或制动间隙过小，进行调整；制动踏板回位弹簧疲劳、拉断、脱落，更换踏板回位弹簧；其他原因，应停驶并向专业人员寻求援助
制动跑偏	车辆行驶中制动时，不能保持直线方向，而自行偏向一侧	立即在安全地方停车检查，如左、右轮胎气压不一致或异常磨损，及时给轮胎补气或更换磨损轮胎；其他原因，应停驶并向专业人员求助

三 汽车列车连接装置常见故障

汽车列车连接装置常见的故障有牵引钩断裂、牵引钩托板弯曲脱焊、汽车列车起步或停车时有冲击等；支承连接装置常见的故障有锁止机构的拉环拉不出来、座板表面异常磨损、支座断裂等。汽车列车连接装置故障类型及处理方法见表4-4。

汽车列车连接装置故障类型及处理方法　表4-4

故障类型	处理方法
牵引钩突然断裂	立即检查牵引钩，如牵引钩断口内有旧伤，及时更换牵引钩；如牵引钩断口无旧伤，且断口内侧有膨胀痕迹，应向专业人员寻求援助，查找牵引车与挂车连接时对接不当的原因
牵引钩托板弯曲脱焊	立即检查牵引钩部位，并向专业人员寻求援助，重新整形牵引钩托板，并重新进行焊接
牵引座座板表面异常磨损	立即检查牵引座部位，如座板表面沾有砂石或者牵引滑板的前部未作倒角处理，应打磨牵引滑板表面或座板表面，或者更换牵引滑板，清理或补充润滑油脂
牵引座中心部位凸起	立即检查牵引座部位，更换牵引座；装载时，严格遵守车辆核定的载质量装货，不超载；改善驾驶习惯，尽量避免高速转弯
汽车列车起步或停车时有冲击	（1）对于全挂汽车列车，应立即对牵引钩的可调机构进行检查、调整，确认牵引钩是否有异常磨损或损坏，若过分磨损或损坏，则更换相应的可调机构。如其他原因，应向专业人员寻求援助； （2）对于半挂汽车列车，应立即对回转牵引销、支座固定螺栓等进行检查，如牵引销松动或异常磨损，则更换牵引销，并拧紧牵引销螺栓；如支座固定螺栓松动，则紧固支座固定螺栓，并安装前后限位块

第五章 道路运输行车危险源辨识

道路运输过程中危险源时刻存在，驾驶员及时辨识、控制和消除周边道路交通系统中的各种危险源，能够给自己增加一道安全屏障，是防止交通事故发生的关键。本章介绍了危险源辨识的基本知识，介绍了道路运输活动中驾驶员因素、车辆因素、道路条件、天气条件等所对应的危险特征。

第一节 危险源辨识的基本知识

本节中，驾驶员通过学习危险源概念、危险源辨识方法等知识，能够培养安全风险意识和交通风险判断能力，确保行车安全。

一 危险源的概念与分类

根据《职业健康安全管理体系规范》（GB/T 28001）标准的定义，危险源是指可能导致伤害或疾病、财产损失、工作环境破坏或这些情况组合的根源或状态。根据危险源在事故发生、发展中的作用，可将危险源分为根源危险源和状态危险源两种类型。

根源危险源是指客观存在的能量、能量载体或危险物质，它是直接引起人员伤害、财产损失或环境破坏的根本原因，是导致事故发生的主体，并决定事故后果的严重程度。根源危险源包括汽车运行时所具有的动能、运送的易燃易爆危险物品等。

状态危险源是指可能导致能量、危险物质约束条件或限制措施破坏或失效的因素，它是引发事故的必要条件，决定了事故发生可能性的大小。状态危险源出现得越频繁，发生事故的可能性就越大。状态危险源主要包括三个方面的因素：

（1）人的不安全行为，例如驾驶员的危险驾驶行为、骑电动车人突然横穿道路等。

（2）车辆的不安全状态，例如车辆制动系统故障或转向突然失控等。

（3）车辆运行环境的不安全因素，例如前方视线受阻、急转弯、路面湿滑、路基松软等。

二 危险源辨识

事故的发生必然有危险源的存在，且一般是两类危险源共同作用的结果。要预防事故的发生，关键是能够识别现实存在的危险源，并能够分析各种危险源的特性，制定必要的约束条件或采取相应的控制措施，对危险源实施控制，使之处于相对稳定的状态。

驾驶员吸食毒品，车辆失控致两车相撞

2012年4月22日9时，驾驶员王某吸食毒品后驾驶一辆大型普通客车（核载39人，实载33人），由上海市驶往江苏常熟市，行至省道常合高速公路常熟市境内1 km+180m处，车辆突然向左偏驶，穿越中央隔离护栏后向右侧翻，车身前顶部与对方车道正常行驶的中型厢式货车车头相撞，造成14人死亡、20人受伤。

危险源分析： 案例中，行驶的客车具有一定的动能，属于根源危险源。驾驶员吸食毒品后驾驶车辆，操控车辆的能力下降，是人的不安全行为的一种表现，属于状态危险源。

湿滑路面紧急制动，车辆侧滑翻入边沟

2013年7月23日20时35分，驾驶员梅某驾驶一辆重型半挂汽车列车，搭载27人及29.84t黄花梨木，沿南建公路由福建省建宁县溪口镇返回江西省南丰县，行至江西省境内南建公路209省道33km+190m处下坡右转弯路段时，车辆失控向左侧翻后，车头冲至左侧路外土堆，造成16人死亡、10人受伤。

危险源分析： 案例中，行驶的汽车具有一定的动能，属于根源危险源。状态危险源则包括两个方面：一是经事故鉴定，重型半挂牵引车第一轴被改装，两侧前轮无制动装置，右侧第二、三轴半轴油封漏油，制动毂及制动摩擦片工作面沾满油污；重型厢式半挂车左侧第四轴制动摩擦片部分破裂（陈旧性）缺失，左侧第六轴制动毂陈旧性破裂，两车的制动性能技术条件均不符合标准要求，是车辆不安全状态的一种表现。二是半挂汽车列车违法载人、人货混装，加重了事故的伤害程度，是人的不安全行为的一种表现。

同一危险源在不同状态下可以具有不同的特征，即危险源的特性会随时间、空间等的变化而有所不同。比如，因道路条件的不同，同样是以80km/h的速度行驶时，在山区低等级道路行驶比在高速公路行驶更容易发生事故。另外，驾驶员在不同时间驾驶车辆经过同一路段时，所遇到的交通状况都会不同，因此，危险源也会不一样。因此，在车辆运行过程中，驾驶员不能忽略或低估各种不安全的因素。一方面，要根据环境和道路条件控制好车速，尽量降低根源危险源的影响；另一方面，要牢记“集中注意力、仔细观察和提前预防”三条安全行车黄金原则，及时、准确地排查安全隐患，防范各种状态危险源的影响。

第二节 驾驶员、其他交通参与者的不安全行为

在影响道路交通安全的各种因素中，人的因素起主导作用。研究表明，人的不安全行为造成的事故占到了全部交通事故的70%~90%。人的不安全行为主要是指各种交通参与者的违法行为、不规范操作等。本节中，驾驶员通过学习人的不安全行为的危害知识，能够增强守法行车意识，提升道路交通安全水平。

一 驾驶员的不安全行为

1 违法驾驶行为

事故统计表明，95%以上的交通事故中存在驾驶员违法驾驶行为，违法驾驶是引发道路交通安全事故的重要原因之一。道路运输驾驶员较为典型的违法驾驶行为包括超速行驶、违法装载（客车超员、货车超载、货车违法载客）、违法超车、占道行驶或逆向行驶、疲劳驾驶、未按规定让行、违法停车等，见表5-1。

违法驾驶行为的危险特征　　表5-1

危险源	危险特征
超速行驶	（1）增加汽车的停车距离； （2）驾驶员的视野变窄、反应时间延长； （3）车辆行驶时的操纵稳定性下降，尤其在湿滑或结冰路面行驶，容易出现车辆侧滑； （4）车辆在弯道超速时，受到的离心力增大，易出现车辆侧翻； （5）长时间高速行驶，车辆轮胎等安全部件易出现性能异常
违法装载	（1）构成车辆或货物的不安全状态，影响车辆操控性能； （2）增加事故危害程度
违法超车	（1）必须借用左侧相邻车道或占用对向车道行驶，与其他车辆形成交通冲突； （2）超越前车时可能会出现超速行驶； （3）超车后，返回车道时与被超车辆安全距离不足； （4）前方视线不良，没有全面观察交通情况而盲目超车
占道行驶或逆向行驶	与对向来车形成交通冲突

续上表

危险源	危险特征
疲劳驾驶、酒后驾驶、行车中接打电话	驾驶员注意力分散、反应时间延长、操控能力下降，误操作增多
未按规定让行	（1）与其他车辆形成交通冲突； （2）驾驶员集中精力于抢行，忽视了对交通状况的全面观察
违法停车或倒车	（1）在行车道内停车或在高速公路上停车上下客，影响后续来车的正常通行； （2）未按规定正确摆放危险警告标志或开启车灯，使其他交通参与者不能正确辨识潜在的风险； （3）错过路口时，冒险倒车，与后续来车形成交通冲突
无证驾驶	（1）驾驶与准驾车型不符的车辆，驾驶员缺乏安全操控知识和技能； （2）无资质从事运输活动，驾驶员缺乏安全运营的知识和技能

驾驶员出现违法驾驶行为的原因主要有以下几个方面，需要引起注意并能够克服：

（1）驾驶员安全意识、守法意识不足，缺乏安全驾驶知识，不能正确认识到违法驾驶行为的危害；

（2）驾驶员情绪不稳定或者抱有侥幸心理、盲目从众心理、寄托于他人礼让的心理等；

（3）驾驶员因疲劳、服用药物或吸食毒品产生生理状况的异常变化；

（4）运输任务的时间安排过紧，迫使驾驶员产生心理压力。

2 驾驶员操作不当

在行车过程中，驾驶员不能根据道路交通状况的变化，准确操控车辆，控制好车辆的行驶位置、行驶方向、速度和安全距离，给行车带来安全隐患，甚至引发事故。驾驶员操作不当行为的危险特征见表5-2。

驾驶员操作不当行为的危险特征 表5-2

危险源	危险特征
车辆行驶路线与位置不当	（1）骑轧道路中心线行驶或占道行驶，尤其是在转弯路段，与对向来车形成交通冲突； （2）长时间骑轧车道分界线行驶，使后续来车不能正确理解其行驶意图，并产生不良情绪； （3）长时间占用快速车道慢行，迫使其他机动车变更车道或强行超车，易使对方产生不良情绪； （4）转弯时，不注意内外轮差，不能安全通过； （5）路基松软路段，车辆与路侧距离过近，易发生侧翻
转向操控不当	（1）快速通过转弯路段时，易出现转向过度或转向不足，发生碰撞或坠车； （2）遇其他交通参与者突然横穿道路，急转转向盘避让，车辆易失稳或发生碰撞、坠车； （3）遇对向来车占道行驶，急转转向盘避让，车辆易失稳或发生碰撞、坠车
制动操控不当	（1）在湿滑或结冰路面上紧急制动，易发生侧滑； （2）下长坡时，频繁使用行车制动，易出现制动热衰退
挡位使用不当	（1）上坡时车辆挡位使用不当，出现熄火溜车现象； （2）下坡时使用高速挡，未充分利用发动机阻力制动，被迫频繁使用行车制动
会车操作不当	（1）会车时未提前减速，在高速状态下向右避让，出现转向过度； （2）在坡路、临崖路、障碍物路段会车时，未按规定让行，易发生碰撞或坠车

驾驶员出现操作不当行为的原因主要有以下几个方面，需要引起注意并能够克服：

（1）驾驶员没有全面观察道路交通情况，只对个别信息进行处置；

（2）驾驶员因疲劳、服用药物或吸

食毒品产生生理状况异常变化，操控能力下降；

（3）驾驶员缺乏驾驶经验，遇到紧急情况时，不能沉着应对，冷静处置；

（4）驾驶员存在不良驾驶习惯，操作动作不规范。

二 其他交通参与者的不安全行为

在车辆运行中，其他机动车、行人或骑自行车人的不安全行为也会形成安全隐患，造成交通事故。其他交通参与者不安全行为的危险特征见表5-3。

其他交通参与者不安全行为的危险特征　　表5-3

危险源	危险特征
其他机动车	（1）出现强行加塞、抢行等不安全驾驶行为，寄托于他人礼让，与其他车辆形成交通冲突； （2）以自我为中心的驾驶员，当他人影响自己正常行车时，易产生报复心理； （3）新手不能熟练操控车辆，易妨碍他人正常驾驶，并使其产生情绪波动； （4）道路养护（工程）车辆会在路侧临时停车作业，影响后续来车的正常通行
行人	（1）儿童缺乏交通安全常识，玩耍时不顾及周边的交通情况，突然横穿道路，形成交通冲突； （2）儿童在车辆周边玩耍，因身材矮小，容易落入驾驶盲区； （3）老年人反应迟钝、行动缓慢，应变能力差； （4）青年人喜欢并排行走或戴耳机听音乐，不注意周边的交通情况，妨碍机动车的正常通行
骑自行车人或骑电动车人	（1）青少年成群骑自行车时，喜欢逞能、冒险，速度比较快，不顾及周边交通状况； （2）雨天，骑车人只顾低头避雨，匆忙赶路，不注意遵守交通法规，妨碍机动车的正常通行； （3）当非机动车道的路况不好时，骑车人常常占用机动车道行驶，妨碍机动车的正常通行； （4）前方有障碍物时，骑车人会突然改变行驶路线绕行，形成交通冲突； （5）骑电动车人突然横穿道路或在车辆之间穿行，形成交通冲突

第三节 车辆、行李物品及货物的不安全状态

道路交通安全事故分析表明，车辆制动、转向等安全部件的性能突然失效，或者货物装载不当、出现遗撒等，是引发事故的重要原因之一。本节中，驾驶员通过学习车辆、行李物品等的不安全状态知识，能够对此类危险源采取必要的防范措施，防范事故的发生。

一 车辆不安全状态

与小型汽车相比，道路客货运输车辆的长度、高度等尺寸要大，使用强度相对要高，机件容易出现故障，给车辆运行带来安全隐患。车辆不安全状态的危险特征见表5-4。

车辆不安全状态的危险特征　　表5-4

危险源	危险特征
车辆技术参数的影响	（1）车身高度、宽度尺寸较大，驾驶员盲区大； （2）车体重心高，行驶稳定性变差，转弯速度过快易发生侧翻； （3）车辆自重较重，惯性力较大，停车距离长，事故危害程度大； （4）车身较长的车辆，转弯时占用的空间大
车辆运行状态的影响	（1）发动机舱温度过高，易引发火灾； （2）行驶中车身振动大，易使货物产生位移

续上表

危险源	危险特征
车辆制动系统故障	（1）制动盘（鼓）、管路等存在故障，易造成制动失效； （2）驻车制动器效能降低，坡路驻车能力下降，容易发生溜车
车辆转向系统故障	（1）转向盘自由行程过大，易出现转向不足或转向过度； （2）转向助力失效时，转向盘操控困难
车辆传动系统故障	（1）离合器自由行程过大，分离不彻底，挂挡操作困难； （2）变速器挂挡困难、易脱挡，车辆难以正常行驶
车辆照明、信号装置故障	（1）低能见度情况下，前照灯损坏会影响驾驶员对路面的观察； （2）转向灯损坏，不能正确传递行车意图
车辆行驶系故障	（1）车辆悬架、减振系统故障，车辆经过凹凸不平路段，车身颠簸严重； （2）轮胎气压不符合要求，异常磨损，与路面的附着能力下降，易发生爆胎
其他安全部件失效	（1）车速表故障，驾驶员不能准确判断行车速度； （2）后视镜破损，会影响驾驶员观察； （3）刮水器失效，在雨雪天会影响驾驶员视线； （4）安全带织带破损、不能正常系扣，发生碰撞、翻车等事故时，无法保护乘员的安全； （5）灭火器、安全锤等应急工具缺失，使火灾时的应急处置变得困难； （6）车身反光标识缺失，其他机动车驾驶员在夜间无法正确辨识

二 行李物品及货物不安全状态

运输过程中，行李物品的摆放及货物装载不正确，会给车辆运行带来安全隐患。行李物品、货物不安全状态的危险特征见表5-5。

行李物品、货物不安全状态的危险特征 表5-5

危险源	危险特征
客车行李物品不安全因素	（1）随车携带易燃、易爆等危险物品，易引发火灾、爆炸等事故； （2）行李物品占用安全通道或堵塞应急出口，影响紧急情况下的安全逃生； （3）行李物品摆放不正确，从行李架掉落，易造成乘员伤害
货物的不安全因素	（1）货物堆码过高，提高整车的重心，行驶稳定性变差； （2）货物覆盖不严或固定不当，易脱落或遗撒，影响后方来车的正常通行； （3）没有按照货物运输要求采取相应的防范措施，导致货物处于不稳定状态

第四节 道路运输环境的不安全因素

道路运输环境包括车辆运行中的路面条件、交通状况、天气条件等，会对车辆与轮胎的附着能力以及驾驶员的视线、心理状态、操控能力产生影响，是引发道路交通安全事故的原因之一。本节中，驾驶员学习掌握各种道路运输环境的不安全因素，是确保行车安全的前提。

一 典型道路条件的危险特征

城市道路、高速公路、山区道路、乡村

道路等不同类型的道路，由于道路线形、路面条件、交通安全设施、交通参与者等特点不同，车辆运行时所面临的风险也会不同。典型道路条件的危险特征见表5-6。

道路条件不安全因素的危险特征 表5-6

危险源	危 险 特 征
城市道路	（1）交叉路口机动车、非机动车、行人混行，交通冲突点较多； （2）车辆进出主辅路时，驾驶视线会受灌木丛、树木等的阻挡，且会与其他车辆形成交通冲突； （3）公交站点人员密集，行人会从停靠的公交车前侧横穿道路，或者为追赶公交车而不顾及周边的交通情况； （4）出租汽车遇到路侧乘客招手时，会突然靠右侧停车，与其他车辆形成交通冲突； （5）路段施工造成行车道减少、路面不平整，影响机动车的正常通行； （6）交通高峰时期会出现车辆突然变更车道或强行加塞； （7）井盖附近的路面因长期碾轧出现凹凸不平，高速状态下碾轧易产生爆胎，高速时急转向避让则易发生事故； （8）雨季或大暴雨后，城市地下疏水系统工作状况不良，易导致桥涵路面积水，影响机动车正常通行
山区道路	（1）道路依山而建，等级较低，路面狭窄，坡度较陡，多急弯； （2）上坡时，需要车辆有较大的驱动力，挡位使用不当，会导致发动机熄火、溜车； （3）在上坡路段临时停车处置不当，易溜车； （4）下长坡频繁使用行车制动，易导致制动失效； （5）转弯路段，驾驶员视线易受阻； （6）转弯路段，占道行驶，与对向来车形成交通冲突； （7）部分临崖路段的路面狭窄，会车操作不当易发生坠车； （8）雨季或者久旱暴雨后，可能会出现山体滑坡、落石、泥石流、路基松软，靠近路侧行驶易造成路基塌陷； （9）秋季和海拔较高处，易出现团雾，影响驾驶视线
高速公路	（1）长时间高速行驶，驾驶员对速度的感知能力下降，易超速行驶； （2）长时间高速行驶，轮胎温度上升，易发生爆胎； （3）高速情况下，突然遇到行人、动物或行车道内有障碍物，处置不当易发生事故； （4）在路侧临时停车，且不采取安全处置措施，不易被后方来车辨识，造成追尾事故； （5）雨雪天高速路上车流较少时，容易超速行驶，车辆行驶稳定性下降； （6）秋季，临近河流、湖边的高速公路易出现团雾，影响驾驶视线； （7）路侧的农田焚烧秸秆产生烟雾，影响驾驶视线
隧道	（1）车辆进入较长的隧道时，隧道内的光线骤然变暗，驾驶员会有一个暗适应的过程； （2）车辆在双向行驶的隧道内行车时，对向来车未变换使用远光灯，会造成驾驶员炫目； （3）在隧道出口处，车辆可能会受强烈横风的影响
桥梁、涵洞	（1）高架桥的桥体有最大承重能力要求，通行车辆超过桥体总质量限值或轴重限值时，会造成桥体垮塌； （2）立交桥或桥涵有限高要求，车辆超高会撞跨桥体； （3）在跨度较大的高架桥或跨海大桥上行驶时，会受到强烈的横风影响
乡村道路与城乡接合部	（1）乡村道路的等级相对较低、路窄、照明条件差，缺乏养护，夏季容易形成扬尘，雨天容易出现泥泞坑洼、路基松软； （2）交叉路口常常无信号灯控制，且行人、非机动车、摩托车、农用车、大型货车等形成混合交通； （3）群众的安全意识普遍较差，易出现抢行或突然横穿道路的情形； （4）农村赶集时，往往会出现摊位占道、人员拥挤和交通拥堵的情形； （5）占道晒谷物等农作物，影响机动车正常通行； （6）道路交通标志和标线、夜间照明等交通安全设施不完善

二 夜间和特殊天气条件的危险特征

夜间、雨天、雾天、雪天、高温天气等不同天气条件下，由于能见度、路面条件、交通参与者等特点不同，汽车驾驶存在不同的安全隐患。夜间和特殊天气条件的危险特征见表5-7。

夜间和特殊天气不安全因素的危险特征 表5-7

危险源	危险特征
夜间	（1）驾驶员的视野仅限于车灯能够照射到的地方，视野变窄，对速度和距离的判断能力变差； （2）会车时，对向来车未变换使用远光灯，易造成炫目； （3）近距离跟车行驶时，后车未变换使用远光灯，易使前车驾驶员造成炫目； （4）在午夜以后或者夜间长时间行车后，驾驶员易出现疲劳驾驶
雨天	（1）穿着雨衣或打雨伞的人，视线只盯着路面，忽略了对周边情况的观察，可能听不清汽车靠近的声音或喇叭声； （2）骑自行车人为了避开水坑，可能会突然改变方向，甚至占用行车道； （3）雨天路面湿滑，轮胎附着能力下降，高速行驶时易出现“水滑”现象； （4）雨天行车时，风窗玻璃和车窗容易形成水雾，影响驾驶视线； （5）雨天气温低于0℃时，路面易结薄冰
雾天	（1）雾天驾驶视线受阻，观察周边交通情况比较困难，行车方位的辨识较为困难； （2）汽车使用远光灯、后雾灯时，使其他驾驶员产生炫目
雪天	（1）轮胎与路面的附着能力较差，车辆急转方向、急加速和急减速操作时，易发生侧滑； （2）行车道积雪易融化，行人和骑自行车人会占用行车道； （3）路面被积雪覆盖，难以辨识行车道，难以选择行车路线和位置； （4）雪后初晴，迎着阳光行驶，易引起驾驶员炫目
高温天气	（1）重载车辆行驶过程中，冷却液温度容易超过正常工作温度； （2）入睡晚或长时间使用空调，驾驶员会觉得浑身无力，产生驾驶疲劳； （3）轮胎温度升高，胎压随之增大，易发生爆胎； （4）汽车的电路、油路等易出现线路软化、短路和漏油等情况，引起汽车自燃； （5）清晨和傍晚外出散步和纳凉的人群较多

第六章 防御性驾驶方法及不安全驾驶习惯纠正

安全行车是驾驶员执行道路运输任务的最基本要求。道路运输途中，驾驶员采用防御性驾驶方法，正确辨识危险和应对突如其来的危险情况，可以减少和避免交通事故。本章介绍了防御性驾驶通用规则与驾驶方法、不安全驾驶行为原因分析与习惯纠正等知识。

第一节 防御性驾驶的通用规则

防御性驾驶，是指驾驶员在行车过程中，对道路状况、交通情况和周围环境进行主动观察、分析和判断，对前方潜在的各种交通风险作出预先估计，并及时采取减速、停车或避让等预防措施，避免发生交通事故。本节中，驾驶员通过学习防御性驾驶的通用规则知识，驾驶时能够规范操作，尽量不犯错误，确保自己的车辆不会主动引发交通事故，同时，在别人犯错误时，能够及时发现并宽容对待，提前采取措施进行规避，确保不出现被动性的交通事故。

一 观察与风险评估

在繁忙的道路行驶时，驾驶员会接收到大量信息，比如各种类型的交通参与者、交通标志等，其中有一些并不会对行车安全构成威胁，驾驶员必须学会有选择地观察，过滤无关的交通信息，辨识危险源。

1 观察前方情况

行车中，驾驶员要尽量向前方远处看，并保持眼部持续的运动，不停地扫视前方路面情况，避免只看一个方向或只注意一个危险源。在道路两侧设置交通标志或标线、交通安全设施，目的是事先提示或警告驾驶员前方可能会遇到的危险，因此，驾驶员要学会利用路侧的交通标志或标线，预测前方的险情。

2 观察后方和两侧情况

行车中，除了观察前方的情况外，驾驶员还必须利用外后视镜进行观察，随时掌握车辆后方和两侧的情况，了解与他们的间距和靠近他们的速度，从而决定是否改变车速、距离或者行驶方向。大型车辆的外后视镜通常为曲面镜，它比平面镜观察的范围更广、视野更大，但是在曲面镜里的物体偏小、距离偏远。行车中，货运驾驶员要观察货物的情况，比如有无货物掉落或者捆绑货物的绳索松弛等情况发生；客运驾驶员要观察车厢内乘客的情况，及时纠正乘客的不安全行为。

3 防范驾驶盲区的影响

大型车辆侧面存在视线盲区，致使小型车辆贴近大型车辆侧面并行时，驾驶员难以察觉，必须侧头观察。车辆通过弯道时，路侧的树林会挡住驾驶员的视线；车辆上坡行驶接近坡顶时，驾驶员无法观察到坡道后的交通情况。车辆在交叉路口左转弯时，因受对向车道内左转弯公交车的影响，驾驶员无法观察到对向车道内准备直行的小型客车。

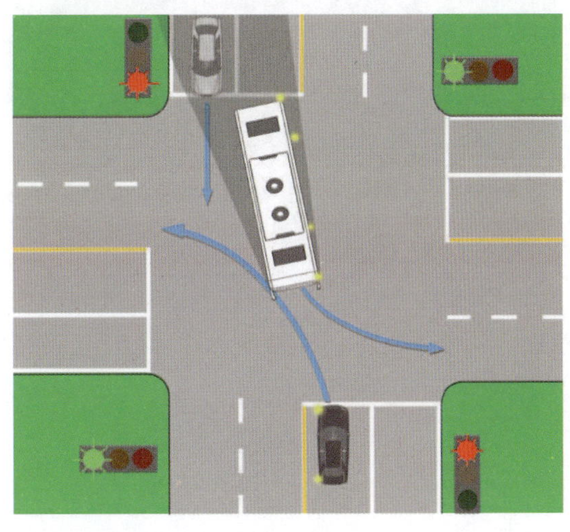

4 风险评估

驾驶员并不只是观察到路面的情况，还要分析自己所看到的情况。比如，前方车辆纷纷改变行车路线或速度时，驾驶员需要判断前方道路上是否存在某种障碍物，采取相应的处置措施。

二 交流车辆行驶意图

行车中，驾驶员向周边的交通参与者发出灯光、喇叭等信号，让他们及时观察到并且明白自己的行驶意图，能有效化解风险，减少和避免交通事故的发生。比如，转弯或变更车道时提前开启转向灯，提醒其他车辆即将转弯或变更车道，告诫他们不要强行超越；连续、短促地踩踏制动踏板，使制动灯反复亮起，警告后面来车保持安全距离；行驶至有视线障碍的弯道或者窄桥时，通过鸣喇叭、闪灯等方式向对向来车发出信号。

三 控制车辆行驶速度

超速行驶是造成交通事故的一个主要原因。驾驶员在任何情况下驾驶，都必须控制好行驶车速，尤其是在湿滑路段、转弯路段、下坡道和低能见度条件下。与干燥路面相比，湿滑路面上的附着力相对较低，车辆制动时的停车距离更长；在弯道内行驶

时，车速太高时，容易发生侧滑或侧翻的危险；车辆下坡时，车辆受到自身重力的作用，车速会越来越快，操作不当容易失控；在车流量比较大的道路上行驶时，采取强行超车、频繁变更车道和强行加塞等危险驾驶行为，会增加行车危险。

四 管理车辆周边安全空间

与小型汽车相比，大型车辆在转弯和停车时需要更大的空间，因此，与其他交通参与者保持足够的周边间距，可以让行车变得更加安全。

第二节 不同行驶状态下的防御性驾驶

行车中，跟车行驶、会车、超车、变更车道、掉头、停车是典型的车辆行驶状态。不同的行驶状态中潜藏着不同的安全影响因素，驾驶员若处置不当，容易发生交通事故。本节中，驾驶员通过学习掌握不同行驶状态下的危险特点，能够采取防御性驾驶方法。

一 起步

车辆起步时，驾驶员疏于观察车辆周边的情况，比如盲区内有小孩玩耍、左后方有快速驶来的车辆等，容易导致碾轧、剐蹭事故。起步时，驾驶员要先下车检查有无影响安全起步的障碍或者由专人指挥，同时要避免影响行车道内其他车辆的正常行驶。

客车起步时，驾驶员要注意车门、行李舱门等是否关好，车内乘客是否坐稳扶好。货车起步时，驾驶员要注意车门、车厢门等是否关好，行李物品是否捆绑牢固。

二 跟车行驶

跟车行驶时，驾驶员需要观察、判断前车的速度和行驶意图，可以注意观察前车的速度和灯光信号，还可以通过观察前方其他车辆的行驶状态变化来辅助判断。跟随大型汽车行驶时，与前车之间的距离越近，驾驶员的视野越窄，因此，需要适当增大安全距离来保证前方的驾驶视线。

相对小型汽车和空载的客货车辆而言，客货车辆满载时的惯性较大，需要的停车距离更长。满载或者跟随小型汽车行驶时，驾驶员要注意适当增大跟车距离。

行驶中如果不需要加速，驾驶员应及时将右脚放置在制动踏板上，这样可以缩短反应时间，尤其在遇到紧急情况时会更加安全。减速时，先轻踏制动踏板使制动灯变亮来提示后车，给后车驾驶员留出足够的反应时间。

三 会车

大型车辆的车身比小型汽车要宽，准备会车时，驾驶员需要提前观察、判断对向来车的车型、行驶速度和装载情况，前方道路的路面宽度、道路条件，以及周边的行人、车辆等。

会车时，根据双方车辆及道路上的交通情况，提前降低行驶速度，选择合适的交会地点，靠道路右侧行驶，并保持足够的横向安全间距。前方有障碍物或者遇窄桥、坡道、临崖路段、弯道时，要低速会车或停车会车，有条件的一方让对方先通过，必要时由专人指挥。

遇对向来车占道行驶时，提前降低行驶速度，鸣喇叭或闪灯提示对方，密切观察对向来车和后方的动态情况，不可盲目避让。

四 超车

驾驶员要选择道路宽直、视线良好、对面无来车且道路两侧无影响超车的障碍物的路段进行超车，禁止在弯道、坡道、交叉路口等危险路段超车。在不具备条件的路段强行超车、前车不让超车时仍强行超越、从前车右侧超车或者超车时横向间距保持不足等，容易引起交通事故。

案例

弯道强行超车有危险，处置不当坠山崖

2013年2月1日，驾驶员王某驾驶一辆大型客车从古蔺县城开往古蔺县水口镇庙林村。16点58分，大型客车行驶到省道S309线古蔺县石宝镇境内，在长上坡、连续弯道路段强行超越一辆同向行驶的重型货车时，发现对向来车，向右猛转转向盘，与对向行驶的小型客车发生剐蹭后，冲出公路右侧土坎，翻坠于山崖下，造成11人死亡，18人受伤。

案例中，大型客车驾驶员王某在长上坡、连续转弯路段强行超越前方重型货车，发现对向来车时，躲避不及，发生剐蹭后猛转转向盘，导致大型客车坠落山崖。王某对这起事故负直接责任，涉嫌犯罪，被移交司法机关依法处理。

行车中，当观察到后方跟随行驶的车辆示意超车时，尤其自车占用快速车道行驶时，只要条件允许，应及时减速靠右侧让行，给超车车辆预留出安全的超车空间。遇对向来车强行超车时，提前降低行驶速度，鸣喇叭或闪灯提示对方，密切观察对向来车和后方的动态情况，不可盲目避让。

五 变更车道

变更车道时，应至少提前3s开启转向灯提醒后方来车，同时，注意观察要变入车道内前后方车辆的情况，不观察车辆两侧和后方道路交通情况、不提前开启转向灯示意、突然强行变道，都是非常危险的行为，容易发生剐蹭、碰撞事故。

当观察到后方来车准备加速驶入自车行驶的车道时，应保持车速或适当减速让行，预留出足够的安全距离，让其安全变更车道。遇前方道路有出入口时，应注意观察两侧车辆的动态，控制好车速，防止侧面的车

辆突然变更车道。

六 倒车

倒车时，车辆的后方可能会有车辆停放或有儿童在玩耍、有动物伏在车底、车顶有电线等，驾驶员如果观察不全面，就会发生危险。

倒车前，驾驶员需要下车检查车辆周边的情况，最好请有关人员指挥倒车。倒车时，利用后视镜找好参照物，保持较低的速度，同时通过后视镜观察车辆后方、两侧和上方的情况，发现影响倒车的障碍物时，及时避让。在高速公路、主干道行驶错过出口时，驾驶员应禁止倒车逆行。

案例

高速路口违法倒车，引发追尾事故

2013年8月2日10时，驾驶员尹某驾驶一辆大型客车沿温丽高速行驶，客车行至丽水段往金华方向转长深高速匝道口富岭互通处，尹某因错过了高速公路出口，于是将客车停在行车道上。然后在车内部分乘客的指挥下开始倒车，导致后面驶来的半挂牵引车追尾并发生两车侧翻事故，驾驶员和10余名乘客被甩出车外，造成1人死亡、22人受伤。

案例中，驾驶员尹某因在高速公路行车道内违法停车和违法倒车，引发追尾事故。

七 掉头

在交叉路口或某个路段掉头时，过往的车辆、行人及路侧的设施会给掉头带来危险。驾驶员要尽量选择交通流量小、道路较宽、能一次完成掉头的地段和路口进行掉头，减少对正常通行的车辆和行人的影响。严禁在人行横道线、铁路道口、窄路、弯道、桥梁、隧道、涵洞、高速公路和有禁止掉头标志的路段掉头。

掉头时，每一次前进或后倒过程中，都要认真观察车辆后方及两侧道路的交通情况并确认安全，充分考虑车辆的前端和后端及距障碍物的距离，以防发生意外。

八 停车

停车时，停车位置选择不当或者未采取必要的安全措施，一方面会造成溜车，另一方面会引起后方来车驾驶员的错误判断，尤其在夜间、雾天等视线不良的情况下，容易引发追尾事故。比如，连续暴雨天气后，在路基松软的路段停车，容易发生路基塌陷事故；在高速公路行车道内、急弯路段、上坡坡顶后方路段、隧道内或者其他有视线障碍的路段停车，因后方来车驾驶员不易及时察觉，容易发生追尾事故。

案例

随意靠边停车换人，引发追尾事故

2016年农历正月初二，全国上下都笼罩在节日的气氛中。当日14时30分，叶先生驾驶轿车带着妻子管女士由宁波驶往江西探望岳父母。当车辆行驶至甬金高速公路嵊州境内时，叶先生感到疲劳，在高速公路的路肩上停车换人。叶先生和管女士先后下车，叶先生坐进了副驾驶室，管女士从右侧下车后绕到车辆的左侧，打开车门，还没来得及进入驾驶室，便被后面驶来的大型客车追尾相撞。巨大的撞击力将管女士撞出10余米远，两车黏合在一起继续前行了近百米才停住。管女士当场身亡，叶先生也受伤不轻，被送到重症监护室抢救。

案例中，叶先生随意在高速公路的一个下坡转弯路段临时停车，在停车后的短短30s内，驾驶员王某驾驶一辆大型客车行经事故路段，在欠身拿香蕉时，带动了左手握着的转向盘，致使车辆向右偏，驶入硬路肩，与叶先生的车辆发生追尾碰撞。

临时停车时，驾驶员应采取以下安全措施：

（1）要选择路基坚实、不影响其他车辆和行人安全通行的路段停车。

（2）临时停车时，应拉紧驻车制动，开启危险报警闪光灯（夜间开启示廓灯），正确摆放危险警告标志。

（3）在坡路临时停车还应用掩木垫在轮胎下（上坡掩在轮胎后方、下坡掩在轮胎前侧），挂好挡位（上坡挂低速挡、下坡挂倒挡），并向车后安全的一侧转动转向盘，以防车辆向路侧溜车造成坠车危险。

第三节 不同道路运输环境的防御性驾驶

行车中，不同的道路运输环境中潜藏着不同的安全影响因素，驾驶员若处置不当，交通事故的发生概率会增加。本节中，驾驶员通过学习掌握各种道路运输环境的交通特点，能够采取正确的驾驶操作方法，以确保行车安全。

一 通过交叉路口

交叉路口的交通状况比较复杂，尤其是一些路口存在安全视距不良、驾驶视线受阻的情况，行驶至路口时，驾驶员要提前减速或停车观察，确认安全再通过。

在进入交叉路口前变更车道时，要在行车道虚线区域按导向箭头指示驶入要变更的车道，进入交叉路口实线区后不得变更车道。

大型车辆和汽车列车的车身长度较长，车辆前后轮的内轮差也就较大。车辆转弯时，驾驶员要提前降低车速，选择好行驶路线，在保证前轮通过的同时，要给后轮、车厢留出足够的空间，以免车辆剐蹭行人或路侧的树木、电线杆等。

在交叉路口右转弯时，驾驶员应提前降低车速，开启右转向灯，密切注意右侧情况，防止后方跟行的车辆盲目地从右侧超越，引发剐蹭事故。不要试图先向左侧宽阔的地方转向，再进行右转弯操作，以免后方跟行车辆的驾驶员误以为您准备左转弯，从而加速从您的右侧超越。如果必须借助对向车道来完成右转弯操作，驾驶员应密切注意对向车道来车，及时示意驾驶意图，让对方车辆先通过或者停车让行，但是不能盲目向后倒车让行。

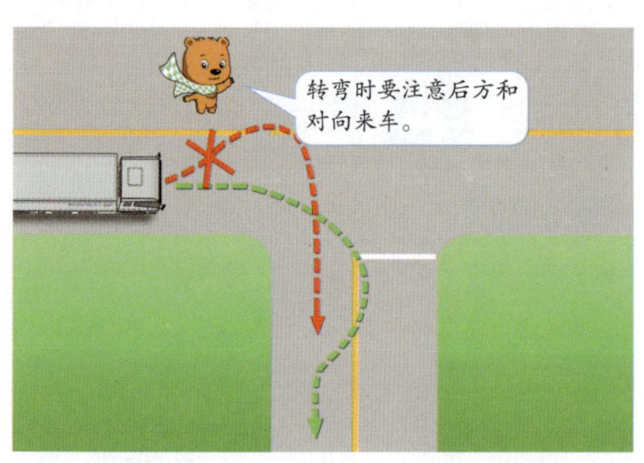

在交叉路口左转弯时，驾驶员应提前降低车速，开启左转向灯，行驶到交叉路口的中心时再向左转方向，同时密切注意对向车道内直行或右转弯的车辆，注意避让。如果交叉路口有两条左转弯车道，驾驶员应选择靠右侧的左转弯车道进行左转弯操作，以增大转弯半径，顺利转弯。

二 通过立交桥、桥涵和漫水桥

立交桥或桥涵往往有限高或限宽要求，车辆驶近该路段时，驾驶员应注意限高和限宽标志，保证车辆的安全空间，必要时绕道行驶，以避免撞跨桥体或被卡在桥涵里。当车辆高度与桥梁或者天桥的高度很接近时，驾驶员应先下车探查，确认安全后再低速缓慢通过。下车探查时，应采取必要的安全措施。

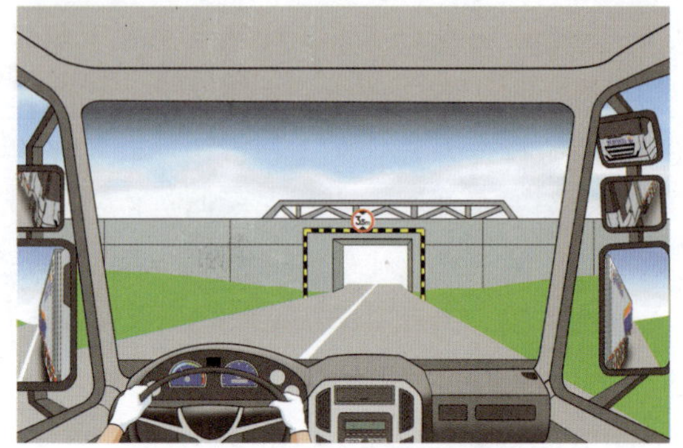

桥体一般有最大承重能力设计，大型货车和汽车列车驾驶员需要引起注意，超过桥体车货总质量限值或车辆轴重限值的规定时，应绕道行驶，避免造成桥体垮塌。

车辆在跨度较大的高架桥或跨海大桥上行驶时，会遇到强烈的横风影响。驾驶员应控制好车速和握稳转向盘，并与侧面的车辆保持足够的横向间距。

雨季或大暴雨后，城市地下疏水系统不良容易导致桥涵路面积水。遇桥涵路面积水时，应先探明积水深度再通行，必要时选择其他路线改道而行，不要盲目涉水行驶。通过漫水桥、险桥等危险地段时，驾驶员应先停车观察，确认安全后，组织旅客下车步行过桥，车辆在引导下低速平稳通过；如果洪水或河水漫过桥面情况严重时，应及时向单位报告，绕道行驶，不得冒险通过。

三 通过隧道

车辆进入较长的隧道时，隧道内的光线骤然变暗，驾驶员会有一个暗适应的过程。因此，驶入隧道前，驾驶员应提前降低车速，开启近光灯，适当增加与前车的安全间距。

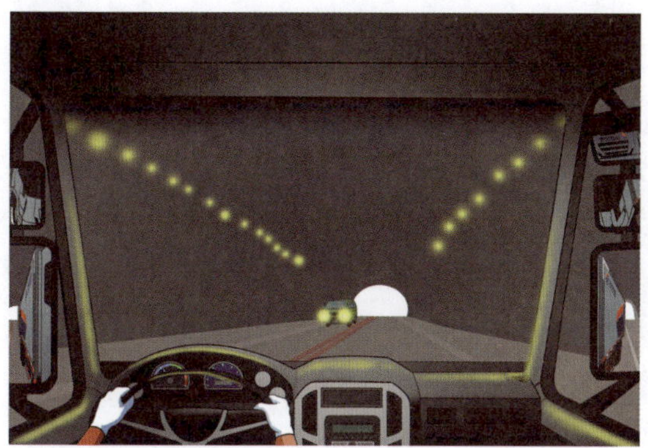

在隧道内行驶时，驾驶员应注意观察隧道内行人和骑自行车人的动态，禁止在隧道内停车、倒车。车辆出现故障需要临时停车时，应尽可能地将车辆移至专门的避险区域停车，并采取必要的安全措施。

隧道多依山而建，车辆在隧道出口处可能会受强烈横风的影响。车辆驶出隧道出口时，驾驶员应适当控制车速和握稳转向盘，避免横风引起车辆侧滑或侧翻。

四 进出客货运场站

在客货运场站的进出站口，行人、非机动车和机动车混行，人车流量大且混乱，驾驶员应按顺序通过出入口，注意观察，保持低速行驶，必要时应鸣喇叭提示或让行，防止剐蹭事故的发生。

在场站内，驾驶员应按照管理人员的指挥手势，将车辆停入指定地点。倒车时，应当由专门人员指挥，防止遗漏盲区内的障碍物。

五 山区道路行车

山区道路等级相对较低，路面狭窄，视野不开阔，多坡路和弯道，路侧安全防护设施不完备，驾驶员应降低车速，增大跟车距离，尽量避免超车，防止发生车辆失控、翻车、坠崖等事故。在雨季或者久旱暴雨后，车辆应与道路右侧路基保持合适的距离，防止路基松塌造成危险。

大型车辆或汽车列车转弯时需要较大的空间，而山区急转弯和连续转弯路段较多，大型车辆通过较为困难，往往需要占道行驶，因此，驾驶员在进入弯道前应提前减速，开启危险报警闪光灯，鸣喇叭提示，夜间还可通过变换远近光灯提醒对向来车；转弯路段视线受阻时，应由随行人员下车指挥，安全通过。

上坡时，驾驶员要提前观察道路交通标志标线，预测坡度、坡长，判断需用的挡位及速度，在坡前500m处轻微加速，在坡路时保持加速踏板位置，尽量靠汽车惯性冲到坡顶。感觉车辆无法冲到坡顶时，驾驶员要迅速降挡，保持发动机动力上坡，避免坡路途中停车或熄火。重载车辆上陡坡时，驾驶员要提前换入低挡位，使车辆保持足够的驱动力，避免中途换挡或出现熄火溜车。

下长坡时，车速会因车辆惯性而越来越快，连续使用行车制动，会使制动器因温度升高而造成制动效果急剧下降。因此，应将变速器操纵杆置于合适的挡位（坡度越大，挂挡位越低），充分利用发动机阻力制动、缓速器辅助制动和排气辅助制动，根据速度控制情况间歇性使用行车制动来控制车速，同时控制好行驶方向和安全距离，禁止空挡滑行和关闭发动机行驶。重载车辆连续下长坡时，每行驶一段距离，驾驶员应停车检查制动器的状况，对制动器采取必要的降温措施。

案例

下长坡空挡行驶，车速失控坠坡底

2013年2月1日21时50分，驾驶员姜某驾驶一辆大型客车由河北廊坊市文安县驶往甘肃庆阳市宁县，行至甘肃庆阳市宁五公路（宁县至陕西黄陵县五里墩的道路属县乡公路，三级路面）2km+200m处右转弯下坡路段时，车辆驶出弯道外侧，撞击路侧波形梁护栏后，坠入29.2m深的坡下林地，随后起火烧毁，造成18人死亡、32人受伤。

案例中，驾驶员姜某行经路况不熟悉的县乡陡坡转弯路段，使用空挡行驶，导致车辆行驶速度过快（该路段设计速度为40km/h，经事故鉴定，车辆肇事前的行驶速度为59～67km/h），车辆驶出弯道外侧，发生坠车事故。

遇前方有注意落石标志或者通过容易发生塌方、泥石流的山区路段时，尤其是在久旱暴雨后，驾驶员应注意观察前方路侧边坡是否有异常情况，确认安全后尽快通过，不要在此区域停车。

案例

驾驶员发现险情及时倒车，大型客车躲过山体塌方

2016年7月8日20时15分，驾驶员黄某驾驶一辆搭载42名乘客的大型客车沿川藏线行驶，当车辆行驶至四川雅安市天全县小河乡境内“火夹沟”路段时，黄某发现前方右侧山崖上不断有落石，立即停车，仔细观察右侧山坡上的情况后，发现山上的树木在摇晃，像山体塌方的前兆，于是赶紧往后倒车，结果在倒车的过程中，整片山崖“轰轰轰”往下滑，完全覆盖住了路面，塌方堆积体离大型客车仅10余米远。

六 城乡接合部行车

为了便于民众出行，一些快速通道经过城乡接合部时，往往设有平面交叉路口，变为开放式的交通。这些区域的交通管理相对薄弱，群众的安全意识普遍较差，经常会出现抢行或突然横穿道路的情形，行车秩序较差，危险因素增多。

进入城乡接合部时，驾驶员要考虑各种危险因素，行车中注意观察路边的行人、非机动车、农用车、大型货车和路边的摊位等，控制好车速；遇行人或者非机动车突然

横穿道路时，要及时减速或停车避让，不可盲目避让。

七 乡村道路行车

乡村道路的等级相对较低，路窄，照明条件差，缺乏养护，夏季容易形成扬尘，雨天容易出现泥泞坑洼、路基松软，而其他交通参与者较少接受专业培训，缺乏安全意识和交通安全常识，不遵守交通法规的情形常有发生。

行车时，驾驶员要操控车辆尽量靠近道路中心线行驶，避免路基塌陷；转弯时应注意行驶轨迹，避免后轮碾轧松软的路基；窄路会车时应选择路基坚实的地方，两车横向间距较小时，安排专人指挥通过；路面扬尘影响驾驶视线时，驾驶员应保持低速和合适的车距，必要时开启车灯和鸣喇叭示意。

遇到摩托车、农用车时，要保持适当的车速和安全间距，会车时主动减速让行或停车让行，尽量避免超车。遇行人、儿童时，驾驶员应注意观察他们的动态，适当降低车速，随时做好停车准备。遇到农村赶集时，往往会出现摊位占道、人员拥挤和交通拥堵的情形，驾驶员应保持低速慢行或者耐心停车等待，调整好情绪。遇到畜力车或大群牛羊时，保持车距跟行或停车等它们先通过，不要采取鸣喇叭、加速等行为以免动物受到惊吓。

八 高速公路驾驶

驾驶员若没有充分加速就驶入高速公路行车道，与车道内正常行驶的车辆速度不一致，会干扰后方来车的正常通行。此外，从匝道越过导流线直接驶入高速公路时，因车辆的行驶方向与车道方向形成夹角，产生驾驶盲区，驾驶员无法观察到高速公路车道内的交通情况，极易引发追尾事故。因此，驾驶员应在加速车道内充分加速至60km/h（与行车道内车流的速度相适应），同时观察前侧和左侧的交通情况，确认安全后，向左侧平缓变更车道驶入行车道。

案例

违法驶入高速公路，遇对方疲劳驾驶发生追尾

2012年8月26日凌晨2时，驾驶员闪某驾驶一辆运载甲醇危险化学品的重型半挂货车（实载35.22t，核载33.5t）从服务区出发后，以21km/h的速度低速越过出口匝道导流线，驶入高速公路的中间车道。此时，驾驶员陈某驾驶一辆大型卧铺客车（乘载39人，核载39人）以77km/h（限速80km/h）的速度沿高速公路由北向南在中间车道行驶至服务区路段，陈某因疲劳驾驶（连续驾驶时间达4h22min，在2~5时期间未按规定停车休息），在未采取任何制动措施的情况

下，正面追尾碰撞重型半挂货车，导致大量甲醇泄漏，并发生爆燃起火，造成大型客车内36人死亡、3人受伤。

案例中，驾驶员闪某驾驶重型半挂货车从匝道驶入高速公路时，未充分加速而是以低速直接驶入高速公路，与后续来车形成交通冲突，妨碍了在高速公路内正常行驶的机动车；驾驶员陈某因疲劳驾驶，判断能力和反应能力下降，在遇紧急情况时未能采取安全措施，导致追尾碰撞事故。

高速公路两侧的护栏并不能完全防止行人、动物等冒险闯入，此外，行车道内可能会有遗撒物，容易形成突发情况。在高速公路行车，应注意观察前方情况，控制车速，保持足够的安全距离。遇雨、雪、雾等天气条件时，应当适当减速行驶，增大安全间距。

大型车辆的行驶速度相对较慢，不得长时间占用左侧快速车道行驶，而应在右侧慢速车道内行驶，并注意与其他车辆之间保持足够的安全间距，避免发生交通冲突。长时间高速行驶后，驾驶员对车速的感觉变得迟钝，常常会低估车速。因此，驾驶员可间断性地查看车速表来确认车速。

在高速公路上行车，应避免在行车道内或者随意在路侧停车，更不可在高速公路上停车上下乘客。当车辆出现故障必须停车时，应尽可能选择港湾式紧急停车带停车，将乘客疏散至来车方向护栏外侧，在车后摆放危险警告标志，开启危险报警闪光灯。

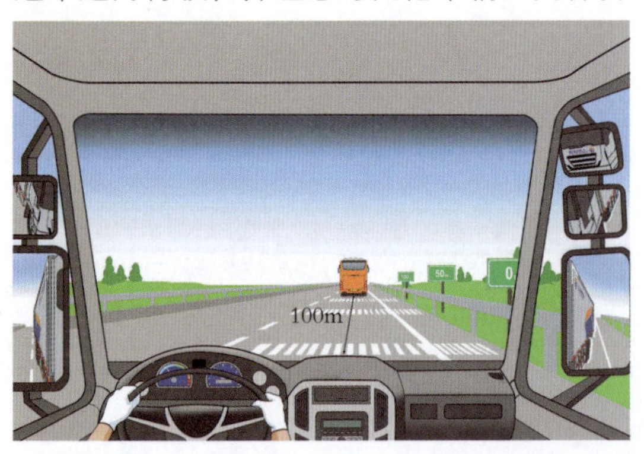

案例

高速公路停车下客，被右车追尾致重大伤亡

2016年7月3日，驾驶员卢某驾驶一辆中型客车从成都搭载18名乘客驶往西昌。7月4日2时5分，车辆行驶至京昆高速西（昌）攀（枝花）漫水湾至礼州方向的一处路段（该路段没有设置应急车道）时，因一名叫冷某的男乘客家住附近，于是卢某将车停在靠护栏侧的行车道上，准备让冷某就近下车。冷某下车后准备

到后备厢取行李。此时，后方驶来的一辆重型货车与客车发生追尾碰撞，货车车头及客车尾部被撞得严重变形，并导致冷某当场死亡、7人重伤、10人轻伤。

高速公路属于封闭道路，非紧急情况下禁止在路上停车。事故调查表明，卢某驾驶中型客车两度违规在高速公路上停车下客，最终在第二次停车下客时，后方驶来的货车驾驶员张某因避让不及，导致惨剧的发生。此外，根据规定，凌晨2～5时期间，营运客车禁止在高速公路上行驶，必须强制停运休息。卢某涉嫌非法营运，将面临刑事处罚。

九 夜间驾驶

夜间行驶主要靠车辆的灯光照明，使用近光灯时，驾驶员能看到前方大约80m远的区域，而使用远光灯时，则能看到前方大约150m远的区域。车灯发出的强光会使对向来车或者同车道的前车驾驶员产生炫目，因此，在会车或跟车行驶时，当与其他车辆距离150m时应及时变换使用近光灯。

开启远光灯

开启近光灯

当驾驶员看到比较耀眼的灯光时，眼睛会出现短暂性失明，这是很危险的，特别是年龄大的驾驶员对耀眼的灯光特别敏感。在夜间遇对向来车有强光照射时，驾驶员应减速慢行，握稳转向盘，将视线转移到右侧路面，不要直视对向车辆灯光；当后方跟随车辆的灯光产生炫目时，应及时调整内后视镜的位置。

夜间行车要保持低速行驶，注意观察前方的动态变化，防止骑自行车人或行人突然冒出来。在夜间特别是在午夜以后或者长时间行车后，驾驶员容易疲劳且警觉敏锐性降低。如果驾驶员在驾驶时感到困倦，应将车辆停靠在安全区域休息。

十 恶劣气象条件下的驾驶

1 雾天行车

在恶劣天气中，雾天是最为危险的，尤其是在高速公路上行驶时，浓雾不仅会降低能见度，而且还会使驾驶员看到的物体变形，使声音的传播能力减弱。雾天最好的办法就是把车辆停靠到休息区，等到能见度转好后再继续行驶。

雾天行车，驾驶员可采取以下六个方面的安全措施：

（1）由于视线受阻，驾驶员无法按照平时的方法预见危险，驾驶员应保持低速，与前车保持更大的安全距离，关掉车内收音机，降下车窗，靠周围的声音来辅助判断。转弯时，做好随时制动准备，并通过鸣喇叭提醒他人。

（2）在高速公路上行驶，遇到浓雾时，应该保持足够远的间距，以能够看见前车后部的雾灯为宜。如果能看见前车的车辆本身，则表示距离太近。若驾驶员以前车后位灯为参

照，则易出现距离越来越近而浑然不知的情形，存在较大安全隐患。

（3）汽车远光灯遇雾会反光，使驾驶员产生炫目，因此，雾天行驶时应开启近光灯、示廓灯、后位灯和危险报警闪光灯等，同时鸣喇叭提醒其他车辆和行人。后雾灯光线极强，容易使后车驾驶员产生炫目。因此，在能见度低于200m时，开启前雾灯；在能见度低于50m时，才开启后雾灯。

（4）如果发现后车的跟车距离很近，不要因感到压力而提高车速，而应与前车之间保持更大的距离，避免因前车紧急制动而发生多车追尾事故。在正常情况下，用制动减速提醒后车是一种很好的驾驶方式，但是在雾天，后车可能会立即采取紧急制动而引发险情，因此，驾驶员应尽量通过松抬加速踏板来降低车速，扩大与前车的距离。

（5）雾天骑轧道路中心线是非常危险的行为，可能会造成与对向来车迎面相撞的事故。驾驶员应靠右侧车道行驶，同时注意停在路侧的车辆。

（6）雾天行车时，驾驶员要随时注意前方是否发生车祸，还要注意路上是否有消防车、警车和救护车。如果高速公路上出现堵塞，这些车辆也许会被迫在紧急车道上行驶，驾驶员应引起注意，安全避让。

小知识

遇“团雾”时的安全行车

受局部地区微气候环境的影响，有时候会在局部范围内出现浓雾，也称为团雾。高速公路昼夜温差大，公路附近污染颗粒多，如秋季焚烧秸秆、汽车尾气排放等，更有利于形成团雾。团雾突发性强、能见度极低、预测预报难、区域性很强，对行车安全具有很大的威胁。

在高速公路行驶中观察到前方视线受阻有团雾发生时，不可就地停车，避免发生追尾事故；而应立即减速，开启近光灯、示廓灯、前后位灯和危险报警闪光灯等，就近选择道路出口缓慢驶出或进入附近服务区暂避，等待团雾消散再行驶；如果不能驶离高速公路，应选择港湾式紧急停车带停车，开启危险报警闪光灯，按规定摆放危险警告标志，安全疏散车内乘员。

2 雨天行车

刚开始下雨时，行人和骑自行车人会变得忙乱，可能会突然横穿道路。穿着雨衣或打雨伞的行人，视线只盯着路面，忽略了对周边情况的观察，可能听不清汽车靠近的声音或喇叭声；为了避开水坑，骑自行车人可能会突然改变方向，甚至占用行车道。因此，驾驶员应尽量避让，给骑自行车人和行人多留余地。

雨天行车时，保持较好的驾驶视线非常关键，正确使用刮水器和车灯非常重要。遇到雷暴雨时，即使刮水器开得很快，还是无法清除雨水，此时，应在安全区域停车，等雨小了再继续行驶。雨天行车时，风窗玻璃和车窗容易形成水雾，影响驾驶视线，驾驶员可以通过开启通风装置和车窗加热装置来消除水雾。

车辆轮胎具有排水功能，但是车速越快、轮胎纹路越浅，轮胎排水能力越低，从而在胎面与路面之间形成一层水膜，出现"水滑"现象，导致车辆失控。因此，雨天要控制行驶速度，适当增大安全距离，改变行驶方向、制动或加速时动作要轻缓，避免车辆发生侧滑。

雨天，尤其是连续下雨或者久旱暴雨之后，路侧会因雨水冲刷和浸透变得松软，车辆在上面行驶会出现路面下沉的危险。因此，要选择道路中间坚实的路面，避免太靠近路侧行驶。

暴雨过后，低洼区域或者道路排水系统不畅的路面容易形成积水。行车经过水淹路面时，要先观察判断水深情况，不要贸在积水中行驶。

3 冰雪天气行车

严寒低温条件下，柴油、冷却液等液体容易冻结，路面易结冰，附着系数下降，车辆行驶稳定性变差。入冬后，尤其是出现第一场雪后，驾驶员安全防范意识不足，容易发生追尾、侧翻事故。

进入冬季，车辆行驶应随车携带防滑链、垫木和粗沙等。在冰冻道路上行驶时，为防止车轮产生空转和侧滑，车辆应安装防滑链，并控制车速不超过50km/h；通过冰雪覆盖的路段后，应及时卸下防滑链，减少对轮胎、路面的损害。

在冰雪路面上行驶时，驾驶员应保持匀速慢行，注意观察前方足够远的路况，需要减速时，充分利用发动机阻力降低车速，避免急转方向、急加速和急减速，以防发生侧滑。注意观察占道的行人和骑自行车人以及扫雪车和融雪车的动态，提前让出空间，避免盲目超越。

路面被雪覆盖难以辨识时，尤其是在乡村道路上，不要靠近路侧行驶，而应沿着前面的车辙行驶（车辙结冰时注意防侧滑），根据道路两旁的树木、电线杆等参照物判断行驶路线，保持低速行驶。

4 大风沙尘天气行车

沙尘天气光线较暗，会影响驾驶视线，驾驶员应降低车速，适当增大安全跟车距离，及时开启近光灯、示廓灯、后位灯，必要时开启危险报警闪光灯。

大风天气在山区道路行驶时，驾驶员要注意两侧山体落石的危险。

在横风比较大的情况下，车辆容易出现偏离行驶车道的危险，此时驾驶员要握稳转向盘，保持行驶方向，尽量避免与其他车辆并排行驶。

5 高温天气行车

高温天气条件下，入睡晚，睡眠不足，且驾驶室温度高，在饮水不充分出现脱水症状时，驾驶员容易产生驾驶疲劳。因此，应注意保持心态平稳，心情舒畅；保持室内通风，适时休息，补充足够的饮水；利用早晚凉爽时段出行，尽量避开中午前后的高温出行。

高温天气下，汽车的电路、油路等管路容易软化，一旦出现短路和漏油等情况，容易引起汽车自燃。因此，进入夏季时，驾驶员应全面检查车辆的技术状况，尤其是电路、油路等管路的状况。

在高温天气中，人们习惯于在清晨和傍晚外出散步和纳凉，因此，在这些时段行车时应密切关注非机动车和行人的动态，通过市区、村镇或桥梁时，要减速慢行，注意道路或桥两侧的人群，随时做好停车准备。

高温天气行车，尤其是车辆重载或在山区道路长时间低速行车时，要注意观察冷却液温度表，确保冷却液温度保持在85～95℃的正常范围内，防止发动机过热。如果温度超过了安全温度的上限，应尽快停车检查，并作降温处理。驾驶员要等冷却液温度降下来后，再用棉纱或手套垫着打开散热器盖，防止冷却水沸腾烫伤。

在高温天气条件下高速行驶时，车辆轮胎和发动机会产生很高的热量，这些热量不能及时散出去，容易导致爆胎甚至轮胎起火，驾驶员应定期检查轮胎的状况。胎压会随着温度升高而增大，当发现轮胎因过热而气压上升时，应设法将车停到阴凉处或树荫下，让轮胎自然降温、降压，不可用放气或泼冷水方法来降低轮胎气压和温度。

第四节 不安全驾驶行为原因分析及其习惯纠正

本节中，驾驶员通过学习掌握超速行驶、疲劳驾驶、注意力分散、未按规定让行、违法超车和无证驾驶等常见违法驾驶行为的危害及产生的主要原因，有利于自觉加强守法行车意识，纠正不良驾驶习惯。

一 不安全驾驶行为原因分析

1 超速行驶

俗话说“十次事故九次快”，超速行驶是最常见、也是非常容易引发交通事故的交通违法行为，在各种事故成因中居于首位。

案例

湿滑路面超速行驶，客车坠崖损失惨重

2013年3月18日，驾驶员高某驾驶一辆大型客车从德宏州瑞丽市开往楚雄州南华县。16时18分，大型客车行驶到隆阳区境内杭瑞高速公路2689km+200m弯坡路段（雨后道路湿滑）时，车辆以83km/h的速度行驶，车辆失控与道路中央水泥隔离墩发生剐蹭后，向右急转撞断道路右侧防护栏，坠落95m深的山崖，造成15人死亡，14人受伤。

案例中，事故路段大型车辆限速60km/h，但高某驾驶大型客车以83km/h高速行驶，加上雨后道路湿滑，结果车辆失控，最终撞断路侧波形防护栏后坠落山崖。高某对这起事故负直接责任，涉嫌交通肇事罪，由于高某已在事故中死亡，免于追究其刑事责任。

超速行驶与驾驶员的不良心理状态、速度感知能力有关：

（1）急躁心理。当驾驶任务过重、行车计划发生改变、临近夜晚、天气突变、乘客催促或受经济利益驱使等的影响，驾驶员会产生急躁心理，在这种心理状态下，驾驶员往往会超速行驶。

（2）争强好胜心理。部分驾驶员存在争强

好胜心理，尤其是年轻驾驶员驾驶技术性能好的车辆时，易盲目超速行驶，以此炫耀车技。

（3）麻痹和侥幸心理。驾驶员在视线良好的平直道路上行驶，或者定线运输的驾驶员由于对沿线的路况比较熟悉，易产生麻痹和侥幸心理，即使遇到雨、雪等恶劣天气，仍然充满自信，不自觉地超速行驶。

（4）速度感知能力变化。驾驶员长时间行车后，尤其是在高速公路上长时间快速行驶后，对速度的感知能力下降，不自觉地超速行驶。

2 疲劳驾驶

产生疲劳驾驶的原因是多方面的，主要与驾驶工作的复杂性、驾驶员的生活环境与生活习惯、驾驶环境（车内环境、行驶条件）、个体素质（年龄、性别、性格、身体条件和经验）等诸多因素相关，见表6-1。

疲劳驾驶形成原因及影响程度 表6-1

疲劳驾驶形成原因	典型事例	影响程度
驾驶时间安排不合理	（1）长时间连续行车，中途不按规定休息； （2）经常在午后、深夜和凌晨等时段行车，与生理规律不相符	很大
睡眠质量差	（1）习惯性熬夜，睡眠时间很少； （2）起居环境不良，睡眠效果差	很大
驾驶环境差	（1）车内通风、温度不良，噪声过大； （2）长时间在路面条件差、环境复杂的条件下行驶； （3）长时间在单调环境行驶	很大
生活环境与生活习惯	（1）家庭关系不和睦，精神负担重； （2）饮食不规律，不按时用餐或饮食过饱	较大
驾驶经验不足	驾驶经验不足、操作生疏、路况不熟悉，精神负担重	较大
身体条件不适应	（1）患有阻塞性睡眠窒息、高血压和高血脂等生理疾病或处于生理特殊时期； （2）急躁、情绪低落	较大

3 注意力分散

行车中，驾驶员注意力分散时，不能准确观察周围的交通环境和感知潜在的行车风险，遇突发情况时，难以及时有效地应对。驾驶员出现注意力分散的原因主要有以下几个方面：

（1）当受到责骂、与他人发生激烈的争执，或者压力过大时，驾驶员容易陷入沉思，致使注意力无法集中在前方道路上。

（2）驾驶员对自己的驾驶技能盲目自信，在行车中接打电话、收发短信、查看微信、与乘客热烈交流等，致使视线离开路面。

（3）驾驶员存在好奇心理，行车中过分关注旁边所发生的道路交通事故、广告宣传活动等，致使视线离开路面。

行车中使用手机的危害

对不同的手机使用方式所对应的交通风险进行研究，结果显示，收发短信的交通风险最高，其次是阅读短信或微信，最后是拨打和接听电话。相关研究表明，开车时接打手机与醉酒驾驶一样危险，其发生交通事故的风险比没有使用手机的驾驶员高出 4.3 倍，电话接打完毕后的 15min 内发生交通事故的风险比没有使用手机时高出 1.3 倍。

4 未按规定让行

《道路交通安全法》针对交叉路口通行、窄路或坡路会车等设定了各方交通参与者的道路通行权，一些驾驶员无视道路通行权的规定，盲目争道抢先，导致道路交通事故多发。

减速让行

停车让行

会车让行

会车先行

干路先行

未按规定让行与驾驶员不熟悉交通规则、存在不良心理状态有关：

（1）不熟悉交通规则。一些驾驶员没有熟练掌握道路通行规则的相关知识，不能领会道路通行权的内涵，无法正确辨识让行标志，导致行车时的抢行行为。

（2）急躁心理。当运输任务重、赶时间时，驾驶员会产生急躁心理，在这种心理状态下，驾驶员往往关注于加速快跑，频繁出现见缝插针、争道抢先的行为。

（3）寄托心理。在行车过程中，一些驾驶员将安全寄托于他人，主观认为其他机动车、非机动车和行人会主动让行，尤其是每次的抢行成功，为自己下一次的违法行为增添了信心。

案例

交叉路口视距不足，未提前减速引发恶性事故

2014 年 11 月 19 日 7 时 24 分，驾驶员戴某驾驶一辆重型自卸货车沿尚未交付使用的烟台蓬莱国际机场连接线由南向北行至刘家庄村路段，遇张某驾驶一辆轻型客车沿通村公路平小线自东向西冲上机场连接路，两车相互躲避过程中重型自卸货车重心发生偏移向右侧翻，车体砸压在轻型客车上，所载沙子将轻型客车掩埋，造成 12 人死亡、3 人受伤。

案例中，新机场路与临时土路交叉路口处，由于临时土路坡度过大、安全视距不足，驾驶员戴某和张某均不能在安全距离内发现对方，而两名驾驶员驾车行至交叉路口处，未提前减速；当戴某发现对方轻型客车后向左急转转向盘避让时，在离心力的作用下，车辆向右侧翻倒，压在轻型客车左前顶部，倾倒的沙子将轻型客车掩埋，造成事故的发生。

5 违法超车

超车是行车过程中常见的一种驾驶行为，由于超车过程中需要占用对向车道，因此存在一定的安全风险。如果驾驶员不采取正确的超车方法，如从右侧超车、强行超车等，容易引发事故。

违法超车与驾驶员对交通环境缺乏准确判断、存在不良心理状态有关：

（1）对交通环境缺乏准确判断。受到地形、道路线形等的影响，驾驶员的驾驶视线受阻，或者驾驶员的经验不足，未能辨识潜在的危险，而片面地认为已具备超车条件，盲目采取超车行为。

（2）逞能心理。部分驾驶员认为前方车辆速度太慢，自身车技高超，完全有能力摆脱对方，并向对方炫耀驾驶技能，从而盲目采取超车行为。

6 无证驾驶

无证驾驶是指未合法取得驾驶证，或者驾驶与准驾车型不符的机动车等违法驾驶行为。未合法取得驾驶证的人员，由于缺乏对安全知识、驾驶技能的系统学习，不了解道路交通规则，且有时为了逃避执法检查，容易出现超速、闯红灯、占道行驶、随意加塞等危险驾驶行为。此外，不同车型的机动车具有不同的行驶特性，其操控方法也会存在差异，如果驾驶员未参加相应的培训，未系统学习和掌握该车型机动车的安全驾驶知识、驾驶技能和应急处置知识，就不能熟练操控车辆，容易出现操作失误，引发交通事故。

无证驾驶与驾驶员缺乏法律知识，对行车安全的认知存在偏差有关：

（1）一些驾驶员在取得某种车型的驾驶证后，认为自己已经具备了驾驶资格和驾驶技能，完全能够驾驭其他车型的车辆。

（2）一些驾驶员明明知道自己不具备相应的驾驶资格，但受经济利益驱使，心存侥幸，认为只要不被交通警察发现，临时帮忙完成短途运输任务不会有任何危险。

7 超员或者超载

客车超员主要是指客车实际载客人员超过车辆核定的载客人数，货车超载主要是指货车实际载货质量超过车辆核定的载质量。客车超员和货车超载运行，会增加车辆制动距离，加重事故危害程度。货车超载时，其荷载可能超过道路和桥梁的设计承受荷载，致使路面损坏、桥梁断裂，导致桥梁、公路垮塌事故。

案例

超载货车违规上高架，致上海市出现大面积拥堵

2016年5月23日凌晨0时30分许，一辆满载预制管桩及钢管的半挂汽车列车违法驶上有上海市交通主动脉之称的南北高架的中环路高架，在上海中环真华路至万荣路之间的路段，货车撞击桥体后发生侧翻，车辆上装载的电线杆翻落桥面，导致中环高架路段主桥面翘起损毁，桥面最大高差处约40cm，现场车辆无法通行，还造成当天早高峰交通大面积拥堵。技术专家分析，完成高架桥的修

复工作预计需要2周的时间。

高架高速道路的限制载重为15t，现场勘查发现，肇事货车所载的30多根预制管桩共计100多t，远远超过了高架桥的限制载重。根据《中华人民共和国刑法》第一百一十九条的规定，破坏交通工具、交通设施、电力设备、燃气设备、易燃易爆设备，造成严重后果的，处10年以上有期徒刑、无期徒刑或者死刑。过失犯前款罪的，处3年以上7年以下有期徒刑；情节较轻的，处3年以下有期徒刑或拘役。案例中，肇事驾驶员已被警方控制，不仅面临高额的经济赔偿，还可能因涉嫌“过失损坏交通设施罪”而受到刑事处罚。

在实际运输的过程中，违法载客或载货的现象屡屡发生，主要有以下几个方面的原因：

（1）客运的季节性较为明显，在节假日客流高峰时期，部分驾驶员认为在这段时间必须多拉快跑，把客运淡季的损失弥补回来，因而心存侥幸地在站外揽客，超员载客。

（2）一些农村客运班线的发车间隔时间长，缺少监管，驾驶员片面地认为多拉几名乘客对行车安全没有影响，还方便民众出行，而民众的安全意识淡薄，致使超员运输成为一种普遍现象。

（3）货物运输市场竞争激烈，运价较低，驾驶员片面地认为目前货车的技术性能好，适当超重不会影响行车安全，往往通过多装、多拉来获得更大的经济利益。

8 驾驶“带病”车辆上道路行驶

车辆机件不符合安全技术标准，往往会使得该机件无法发挥其应有的功能作用，从而导致车辆转向困难、制动跑偏、操纵失控、车辆自燃等危险。

道路运输企业和驾驶员对车辆的检查和维护的忽视，是导致车辆“带病”上路行驶的主要原因：

（1）部分道路运输企业和驾驶员片面地认为运输任务重，每天都对车辆进行日常检查完全没有必要，也不按标准要求进行正常的车辆维护，不能及时发现和消除车辆的安全隐患。

（2）部分驾驶员在发现车辆出现故障后，为了节约维修费用，往往是找一些不太正规的修理店进行修理，维修工艺和车辆配件使用的不规范，使得车辆维修质量得不到保障。

（3）部分驾驶员盲目借鉴他人的行车经验，擅自对车辆进行改装，比如加高货厢栏板、断开半挂牵引车前轮的制动、为行车制动系统增加喷淋装置、改装车辆灯具等，导致车辆技术状况发生变化，不符合标准的要求。

案例

车辆制动存隐患，飞速下坡坠山崖

2015 年 5 月 15 日 15 时，驾驶员王某驾驶一辆大型客车，由咸阳市淳化县仲山森林公园出发驶往西安，15 时 27 分大型客车行驶至淳卜路 1km+450m 下坡左转弯处时，因制动力不足、车速过快，车辆失控由道路右侧冲出路面，越过路外侧绿化台并向右侧翻滑下落差 32m 的山崖，车头右前侧撞击地面，头下尾上、右侧车身后部斜靠在崖壁上，造成 35 人死亡、11 人受伤。

案例中，驾驶员王某驾驶制动系统技术状况严重不良的大型客车上道路行驶。事故调查发现，大型客车制动系统技术状况不符合标准要求，行经下陡坡、连续急弯路段时，因制动力不足造成车速过快，行至发生事故的急弯路段时达到 59km/h，在离心力作用下出现侧滑，以致失控冲出路面翻坠至崖下。

二 不安全驾驶行为习惯纠正

人的行为习惯的形成是长期积累的结果，研究表明，一种动作经过21天的重复就能成为习惯，同样，要想纠正不良行为习惯，也需要一段时间的持续改进。

驾驶员要纠正不良驾驶习惯，首先要坚持学习，熟练掌握道路通行规则，知道怎么做是对的，怎么做是错误的。然后要有自我批评的勇气，经常性地进行自我反思，比如行车中的情绪、对其他交通参与者的态度等，能够客观评价自己驾驶方式的安全性，正确面对错误行为。针对自身存在的不良驾驶行为，驾驶员可以设计一些评估表格来分析形成原因，然后持续进行检验，督促自己改进。

以疲劳驾驶为例，驾驶员可以先利用表6-2来判断自己曾经是否出现过疲劳驾驶。如果符合其中的症状之一，那么说明驾驶员曾经出现过疲劳驾驶。

驾驶疲劳状态判断方法 表6-2

序号	驾驶员状态	出现这种状态，打“√”
1	是否不停地打哈欠？	□
2	眼睛是否开始感到灼痛？	□
3	眼睛是否不自主地闭上或者经常转换视线的方向？	□
4	是否经常性的在车座上滑动？	□
5	是否无故偏离车道？	□
6	是否无故采取制动操作？	□
7	是否对保持固定车速感到困难？	□
8	是否调整转向盘的次数减少，且调整时的幅度很大？	□
9	是否思维随意且不连续，不能回忆起最近几公里的驾驶情形？	□
10	是否不自觉地睡着几秒钟或更长时间，然后突然醒来？	□

然后，利用表6-3来检验自己出现疲劳驾驶的原因，再有针对性地进行调整，比如，适当减少运输任务，补充睡眠；及时治疗疾病，调整生理状态等。此外，驾驶员还可以设计一个纠正计划，比如在一个月内，每天都对自己进行一个评价，以此来督促自己持续改进。

驾驶疲劳产生的原因分析 表6-3

序号	疲劳驾驶产生的原因	该项符合，打“√”
1	近期长时间连续行车，休息不充分	□
2	经常在午后、深夜和凌晨等时段行车	□
3	习惯性熬夜看电视、娱乐，每天的睡眠时间少	□
4	起居环境不良，睡眠效果差	□
5	家庭关系不和睦，精神负担重	□
6	患有阻塞性睡眠窒息症，睡眠质量差	□

第七章 紧急情况应急处置

行车中，驾驶员经验不足或注意力分散、车辆技术性能突变以及其他交通参与者的影响，容易诱发紧急情况或者事故。驾驶员只有掌握应急处置知识，具备良好的心理素质，在紧急情况下或者发生事故后，才能够临危不乱，冷静分析并采取行之有效的应对措施。本章介绍了紧急情况下和事故现场的应急处置方法。

第一节 紧急情况的应急处置方法

行车过程中出现紧急情况时，能否有效地规避危险和逃生，取决于驾驶员应急措施是否及时、恰当和有效。本节中，驾驶员通过学习掌握紧急情况的处置原则，能够掌握制动失效、车轮爆胎、车辆侧滑、突遇障碍物和车辆自燃等常见紧急情况的处置方法。

一 紧急情况的处置原则

驾驶员在行车途中会遇到各种紧急情况，若处置得当，可以减轻或免除事故的危害；反之，可能会加大事故损失。为了防止处置不当加重事故后果，驾驶员在处理危险情况时应遵循以下原则：

（1）沉着冷静，准确分析判断。险情的出现一般都比较突然，此时，驾驶员保持沉着冷静，迅速准确进行分析判断，是果断采取正确避险措施的前提，这样可以规避险情或者将损失降到最低。

（2）立即减速，有效控制行驶方向。紧急情况发生时，驾驶员首先要采取制动减速措施，握稳转向盘，控制好行驶方向，切莫急转方向，或者在制动的同时转方向。研究表明，大型客车重心较高，急转向时，客车瞬间的离心力非常大，无论是在干燥路面还是湿滑路面，都容易发生侧滑或侧翻。车

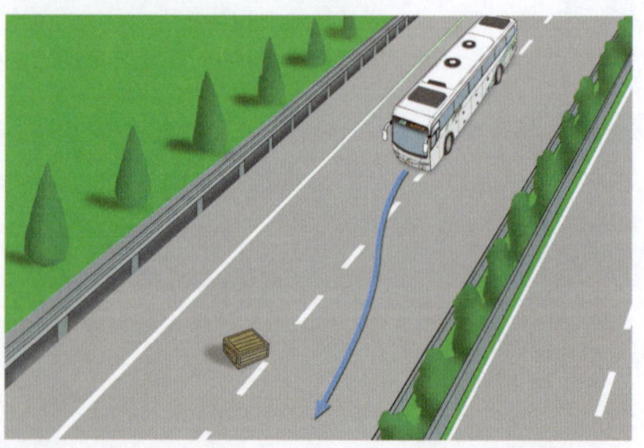

速越高、转向越急，发生侧滑或侧翻的危险也越大，尤其是在转向时制动，更容易发生侧滑或侧翻。

（3）向外传递危险信号。紧急情况发生时，驾驶员在采取避险措施的同时，要向周边的交通参与者传递危险信号，比如开启危险报警闪光灯、鸣喇叭、交替变换远光灯或挥手示意等，引起其他交通参与者的注意，同时采取正确的应对措施。

（4）先避人后避物，避重就轻。人的生命是最宝贵的，在紧急情况下，驾驶员要遵循“生命至上”的原则，宁可财产遭受损失，也要确保人员的生命安全。当损失不可避免时，应尽量避开损失较重或危害较大的一方。

紧急避险造成损害的法律规定

《中华人民共和国民法通则》第一百二十九条规定：因紧急避险造成损害的，由引起险情发生的人承担民事责任。如果危险是由自然原因引起的，紧急避险的人不承担民事责任或只承担适当的民事责任。

因紧急避险采取措施不当或者超过必要的限度，造成不应有的损害的，紧急避险人应当承担适当的民事责任。

（5）先他人后自己。在遇紧急情况危及人员生命安全时，驾驶员要展现出良好的职业道德和高尚的情操，尽可能把生的希望留给更多的人。

危难时刻首先想到乘客的安全

2012年杭州最美驾驶员吴斌的故事感动了全中国人，之后，四川、山东、江苏等全国各地不断涌现出驾驶员在最后时刻正确处置挽救乘客生命的感人故事。2013年，在成德南高速三台段就发生了一段感人故事。

2013年3月31日19时，驾驶员袁某驾驶一辆搭载34名乘客的大型客车从成都驶往苍溪。客车在成德南高速上行驶，车速保持在90km/h左右。当客车行驶至三台路段时，突然一块石头飞来，砸破风窗玻璃后，砸中了袁某的左眼，袁某瞬间满脸鲜血直流。在这瞬间，袁某发现车辆的左前方是悬崖，便在紧急关头连续两次进行制动，并向右缓转方向，逐渐减速的客车撞断护栏后，右车轮驶入一个小坑内停下。剧烈的冲撞将袁某从前风窗玻璃向前抛出2m多远，满脸鲜血直流的袁某清醒后，强忍剧痛，赶紧又爬回车内，熄火并指挥乘客用安全锤砸开车窗玻璃安全逃生（车门变形无法打开）。待乘客全部撤离后，袁某昏倒在车内前排乘客座位上。袁某被送到医院后，经检查，左眼球被砸爆。经过及时抢救，保住了性命，但袁某的左眼眼球将被摘除。

接受记者采访时，袁某说道：“我们是客车驾驶员，出事了肯定是要先救乘客。加之平时公司重视安全教育，我们对如何紧急处置都很熟悉。”

二 紧急情况的应急处置方法

1 发动机突然熄火

车辆在行驶途中，供油中断或电路断火，使发动机突然停止工作，将车辆停在行车道上易引发追尾事故（停留在高速公路上更加危险）。当发生这种情况时，应采取以下应急处理措施：

（1）连续踩踏2～3次加速踏板，转动点火开关，尝试再次起动；若起动成功，应先将车驶向路边停车检查，待查明原因、排除隐患后，再继续行驶。

（2）若多次尝试起动仍然失败，应开启危险报警闪光灯，利用惯性操控车辆缓慢驶向路边安全停车，检查熄火原因，及时排除故障。

安全提示

发动机在行驶途中突然熄火，会导致转向助力失效，转向变得沉重。此外，在车辆靠边之前不要随意制动，以免把可利用的惯性能量浪费掉，失去继续滑行、靠边停车的机会。

2 转向失控

转向突然失去控制易致使驾驶员无法掌控方向，极其危险。此时，驾驶员要沉着冷静，判明险情程度，采取有效应急措施，切不可惊慌失措，贻误时机，使险情加剧。

① 转向突然失控

转向突然失控时，驾驶员的应急操作方法如下：

（1）立即松抬加速踏板，减挡减速，同时打开危险报警闪光灯、交替变光、鸣喇叭或打手势等，对道路上其他通行的车辆及行人发出警示信号。

（2）如果车辆和前方道路情况允许保持直线行驶，驾驶员可均匀而用力拉紧驻车制动器操纵杆进行辅助制动。当车速明显降低时，再轻踩制动踏板，使车辆缓慢平稳地停下。

（3）当未配备的车辆偏离直线行驶方向，事故已经无可避免时，驾驶员应果断地连续踏制动踏板，使车辆尽快减速停车，减轻车辆撞击时的力度。

② 转向阻力突然增大

对于装有转向助力的车辆，驾驶员发现转向困难时，应尽快减速，靠右行驶，选择安全地点停车，并查明原因。

如果车辆还可以实现转向，在保证安全的前提下，驾驶员应谨慎驾驶，低速前进，尽快到附近修理厂修好后再上路。

3 制动失效

① 无坡路段制动突然失效

在无坡路段出现制动失灵、失效时，驾驶员可采取以下应急处置方法：

(1)立即松抬加速踏板，握稳转向盘，观察、判断周边的交通情况，缓慢、小幅调整转向盘，控制行驶方向；开启危险报警闪光灯，或者鸣喇叭等传递危险信号。

(2)利用“强制降挡”和逐渐拉紧驻车制动器操纵杆等方法减速停车；在高速状态下，不可一次拉紧驻车制动器操纵杆，避免因驻车制动盘“抱死”引起车辆甩尾，同时损坏传动机件；装有辅助制动装置的车辆，还可充分利用辅助制动装置减速。

(3)当车速得到有效控制后，应尽快选择紧急停车带或其他较为平坦、宽阔的地段安全停车，并对车辆进行检修。

安全提示

出现制动失效后，无论车速降低与否，始终要操纵转向盘控制好行驶方向，规避撞车是首要的应急措施。只有在道路交通情况暂时不会发生撞车事故时，方可腾出手来抢挡、拉紧驻车制动。

2 下坡路段制动突然失效

在下坡路段出现制动失灵、失效时，驾驶员除了按照无坡路段制动失效的应急处置方法操作外，还应观察周边的地形条件，充分利用紧急避险车道、坡道或天然障碍物帮助减速停车。

在不得已的情况下，应果断利用车厢靠向路旁的安全护栏、岩石或树林碰擦，甚至用前保险杠小角度斜向碰擦山坡，迫使车辆停住，以求减小损失。采取车厢碰擦减速措施时，驾驶员应注意以下事项：

(1)提醒乘客系好安全带，采取防冲击姿势，即乘客可以尽可能地往前弯曲，将头靠在前座座椅上，并把手放在后脑勺上。手掌交叠、手指不要扣住，手肘塞在两侧，头尽可能地低于座椅。

(2)在采取应急减速措施尝试使车辆降速后，再采取碰擦措施，尽量避免在高速情况下直接进行碰擦。

(3)尽量选择在平直、开阔的路段碰擦，不宜选择弯道处、临崖和临水侧护栏进行碰擦。

4 车轮爆胎

车辆轮胎磨损异常、轮胎气压不符合要求、长时间超速行驶或超载行驶、在凹凸不平和碎石较多的砂石路面行驶等容易引发车辆爆胎。

车辆行驶中（特别是高速行驶）发生爆胎时，往往伴有“砰”的爆炸声，车辆会出现明显的振动。车辆一侧为单轮胎的后轮爆胎时，会感觉到车体突然下沉，但方向一般不会失控。车辆前轮爆胎时，转向盘会随之以极大的力量向爆胎一侧偏转，影响驾驶员对行驶方向的控制，危险较大。驾驶员若操控不当，容易发生碰撞、偏离车道、翻车等事故。

当意识到爆胎时，驾驶员应观察周边交通情况，松抬加速踏板，双手紧握转向盘，控制车辆保持直线行驶。若已有转向，也不要过度矫正，应在控制住方向的情况下，轻踏制动踏板（禁止紧急制动），使车辆缓慢减速，平稳地将车辆停靠在路侧，采取安全措施后，对车轮进行检查、处理。车辆更换使用备胎后，要就近将车辆送到修理厂进行维修。

安全提示

发生爆胎时，切忌在慌乱中向相反方向急转转向盘或急踏制动踏板，尽量采用抢挡的方法，利用发动机阻力制动使车辆减速；尚未控制住车速前，不要冒险使用行车制动器停车，以免车辆横甩，引发更大的险情。

5 车辆侧滑

车辆在泥泞、湿滑的路面上快速行驶、紧急制动、急加速或猛转方向时，易发生侧滑，甚至会导致行驶方向失控，以致向路边倾翻、坠车或与其他车辆、行人发生碰撞等事故。

车辆发生侧滑时，驾驶员应采取以下应急处置措施：

（1）当制动、转向或擦撞引起车辆侧滑时，应立即松抬制动踏板，迅速向侧滑的一方小幅转动转向盘，并及时回转方向进行调整，修正方向后继续行驶；因转向或擦撞引起的侧滑，不可使用行车制动。此外，车辆发生侧滑时，不要使用驻车制动，尤其对于半挂汽车列车，这种操作将会导致更加严重的后果。

容易引发车辆侧滑的情形

行车中，以下情形容易引发车辆侧滑：

（1）车速过快。车辆高速行驶时，轮胎与地面之间的摩擦力下降，易引发侧滑。

（2）紧急制动。过大的制动力易使车轮抱死，轮胎附着力降低，引发侧滑。对于汽车列车而言，牵引车与挂车之间的制动不协调，也容易引发侧滑。

（3）急加速。在冰面或湿滑路面急加速时，驱动轮突然提供过大的动力，易引发侧滑。

（4）猛转方向。高速状态下急转方向时，超过车辆的转向平衡能力，从而引发侧滑。

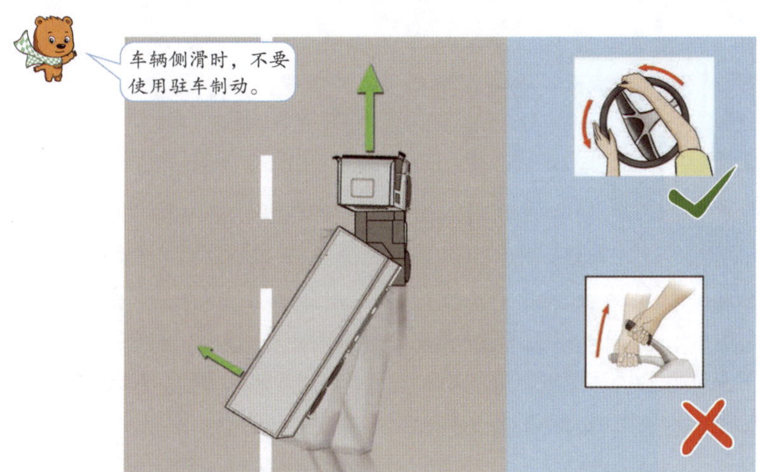

（2）当未配备ABS的车辆的前轮发生侧滑时，驾驶员应及时将危险警示信息传递出去，并果断地连续踩踏、放松制动踏板，平稳制动，尽快减速停车。

安全提示

车轮往哪边侧滑，就往哪边转向，不可转错方向，否则，会加剧车辆侧滑的危险。

6 前方突遇障碍物

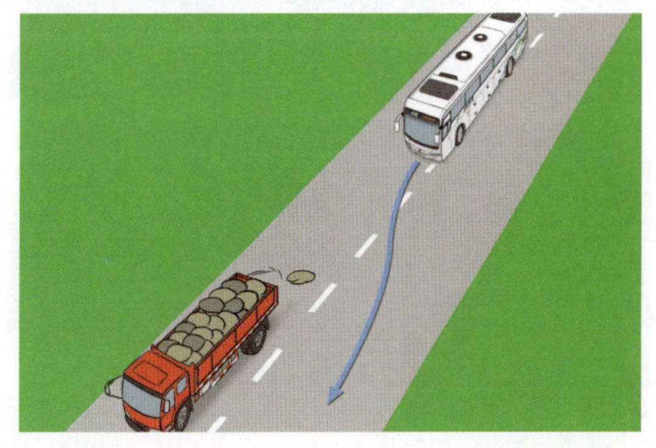

遇有行人、牲畜突然横穿道路，或者行车道内有遗撒物，如所驾驶的车辆重心较低且车速也较低，驾驶员可先判断能否利用转向避开前方障碍物。若转向避开障碍物比停车更有效，在道路交通条件允许的前提下，尽可能优先采取转向规避，再配合采取必要的减速措施。

若所驾驶车辆重心较高（车身高度或装载高度较高）或车速较高，驾驶员不要轻易急转方向避让，而应先采取制动减速，尽可能降低碰撞瞬间的能量。否则，紧急转向会使车辆在离心力作用下发生侧滑、倾翻，甚至失控坠车，造成更加严重的事故后果。

案例

高速时急转方向，车辆失控致车损人亡

2012年12月9日11时，驾驶员于某驾驶一辆大型客车从河南省商丘市前往郑州市，行驶至310国道民权县南华大道442km处（行驶速度为86km/h），为避让同方向向左转弯行驶的一辆两轮电动自行车，于某在踩制动踏板的同时向左猛转方向，致使大型客车与张某驾驶的电动自行车相撞并失控，大型客车坠入左前方路侧的池塘，造成电动自行车驾驶员张某抢救无效死亡，客车内11名乘客死亡，22人受伤。

案例中，驾驶员于某在高速状态下为避让同向行驶的电动自行车，在制动的同时急转方向，导致车辆失控驶离道路。

7 车辆自燃

车辆载运危险物品，行驶中发动机温度过高、电路和油路管路老化短路、轮胎摩擦过热、碰撞后燃油泄漏等诸多因素会诱发火灾。车辆发生火灾时，如果能够采取积极有效的自救措施，选择正确的方式迅速逃离现场，就可以化被动为主动，赢得更多的逃生机会。

1 组织人员安全疏散

车辆起火时，一般都会有先兆，如闻到车内有胶皮味或发现发动机罩边隙处冒烟等。当发现车辆自燃时，驾驶员应立即靠边安全停车，打开车门组织乘客安全疏散。当仪表盘处的车门开关失效时，可通过操纵设置在车门附近的应急阀（打开阀盖，按箭头指示方向旋转该阀）手动开启车门。

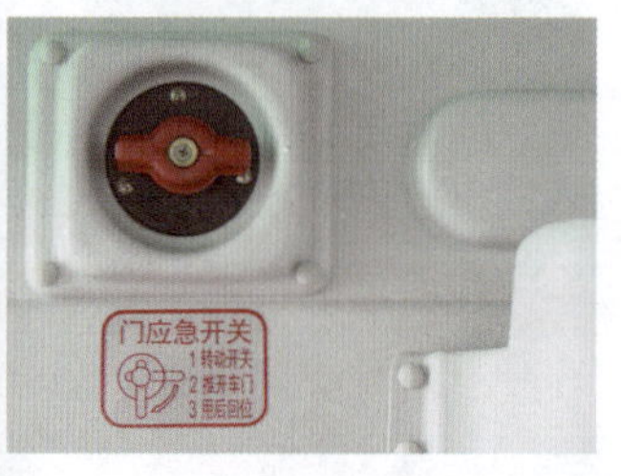

标有“应急出口”或者“EXIT”标志的车窗为应急窗，车窗附近配备有安全锤。车内人员可按照车窗玻璃上的引导性敲击标志，对其所指示的部位进行敲击。如没有标志，一般是先用力敲击玻璃的边缘和四角，再猛力敲击其中部，即可破窗而出。

车内人员在逃生时，驾驶员应提醒他人注意以下事项：

（1）保持冷静，就近选择正确的逃生方法和路线，保持逃生秩序，抓紧时间逃离险境，切勿惊慌失措。挤压踩踏、盲目乱窜和盲目跳车都会影响逃生和增加受伤概率。

（2）俯身低姿行走，车内浓烟使得视

线不清，可抓住前方乘客的衣角跟随逃离，同时要用衣物或毛巾（湿毛巾效果更好）捂住口鼻，不要盲目呼喊，防止烟雾和有毒气体进入呼吸道，造成呼吸道损伤或窒息。

（3）当火焰逼近、无法躲避时，可用身体猛压火焰，冲出一条生路。冲出时，应当及早脱去着火的衣帽或请他人协助用厚重的衣物压灭火苗，注意保护裸露的皮肤。

小知识

车辆自燃逃生时的危险因素

车辆起火时，烟雾中有大量一氧化碳和其他有害气体，由于乘客舱内空间狭小密闭，浓烟中一氧化碳的浓度很高，且烟气的流动方向就是火焰蔓延的途径，烟雾和火焰会随着人的叫喊进入呼吸道，从而导致严重的呼吸道和肺脏损伤，最终致使人窒息而死亡。资料显示，在含有一氧化碳浓度达1.3%的空气中，人们呼吸2～3次就会失去知觉，呼吸1～3min就会死亡，火灾中被浓烟熏呛致死人数是烧死人数的4～5倍。

2 控制初期火势

人员安全疏散后，应尽快采用灭火器给油箱和燃烧部位降温灭火，控制火势蔓延，避免爆炸：

（1）如果是发动机舱内着火，应迅速关闭发动机，尽量不打开发动机罩，从车身通气孔、散热器及车底侧进行灭火。

（2）如果客车车厢内或行李舱内冒烟或出现火苗，应对准起火部位开展灭火措施，尽量在初期阶段就扑灭火情。

（3）如果货车装运的货物着火，尤其是危险物品着火，驾驶员应先将车辆驶离闹市区、加油站、服务区、高压电线、灌木丛及其他易燃易爆物品存放区，安全停车后，

迅速报警，再用灭火器对准起火部位开展灭火。灭火时不要打开货厢门，否则会因进入氧气而导致火势迅速蔓延。

灭火器的正确使用方法

车辆上通常配备有干粉灭火器，主要用于扑救石油、有机溶剂等易燃液体、可燃气体和电气设备的初期火灾。干粉灭火器的开启方法为压把法，即将灭火器提到距火源适当距离后，先上下颠倒几次，使筒内的干粉松动，然后让喷嘴对准燃烧最猛烈处，拔去保险销，压下压把，灭火剂便会喷出灭火。

灭火时，操作人员要站在上风位置，一手握住灭火器手柄，一手握住灭火器喷管，按下手柄，将软管对准火焰根部喷射，由近及远，左右扫射，快速推进，直至把火焰全部扑灭。

8 车辆落水

在城市行车中因暴雨在低洼地段快速形成积水，或者车辆坠入河塘中，车上乘员的处境将会非常危险。如果乘员能够保持清醒的头脑，及时采取正确的自救措施，将会获得逃生机会。车辆落水时，驾驶员可以采取以下应急处置方法：

（1）在落水的瞬间，不要急于解开安全带，防止落水时的冲击力造成人员受伤。

（2）刚落入水后，应尽快解开安全带，在第一时间开启车门组织旅客逃生。

（3）如果车门无法打开，可使用安全锤等尖锐器械砸开车辆的车窗组织逃生。

9 驾驶员突发疾病

行车中，驾驶员可能会突然出现眩晕、胸闷、气虚、腹部或胃部绞痛、冒冷汗等不良症状，如果盲目坚持驾驶，容易因注意力分散、车辆操控能力下降等引发事故。

行车中，驾驶员突然感到身体不适时，可以采取以下安全措施：

（1）立即开启危险报警闪光灯警示其他车辆不要靠近，降低车速，尽快选择安全区域靠边停车；

（2）车辆停稳后，拉紧驻车制动器操纵杆，及时打开车门，自行组织或者请他人协助组织人员安全疏散，按规定摆放危险警告标志；

（3）及时采取自救措施，如果病情不明或病情较严重时，应立即拨打120急救电话，同时向车队管理人员报告现场情况及车辆停靠位置，请求救援。

第二节 事故现场的处置方法

本节中，驾驶员通过学习掌握事故发生后的现场处置和伤员急救方法，能够从容地应对事故，做好防范二次事故的措施，正确报警，保护好事故现场，开展自救和互救，对减少事故损失、协助公安机关开展事故调查具有重要的作用。

一 事故现场处置步骤与方法

1 立即停车，防范二次事故

在道路上发生交通事故时，驾驶员应立即停车，拉紧驻车制动器操纵杆，关闭发动机并切断电源，开启危险报警闪光灯，正

确摆放危险警告标志，必要时在斜对角的两侧轮胎下垫三角垫木。在夜间或雨雾等视线不良天气条件下，还要开启示廓灯和后位灯。

 小知识

事故现场自行协商处理

与机动车或非机动车发生财产损失事故，当事人对事实及成因无争议的，可以自行协商处理损害赔偿事宜。

车辆可以移动的，当事人应当在确保安全的原则下对现场拍照或者标划事故车辆现场位置后，立即撤离现场，将车辆移至不妨碍交通的地点，再进行协商。当事人自行协商达成协议的，填写道路交通事故损害赔偿协议书，并共同签名。

摆放危险警告标志主要是提示后方来车注意避让，对预防二次事故有重要的意义，摆放危险警告标志时要注意以下几个方面：

（1）在一般道路上，应在事故车辆来车方向50m（成年人约80步）至100m处放置危险警告标志，在城市快速路、高速公路上，应在事故车辆来车方向150m以外放置危险警告标志；夜间摆放危险警告标志的距离可以适当增加。

（2）在坡道、弯道等驾驶视线不良的路段，应将危险警告标志摆放在入弯之前或能更早提醒两侧来车注意的位置。

（3）如果事故车辆或者遗撒的货物占用了对向车道，则应在事故车辆或者遗撒货物的前方和后方的合适位置同时摆放危险警告标志。

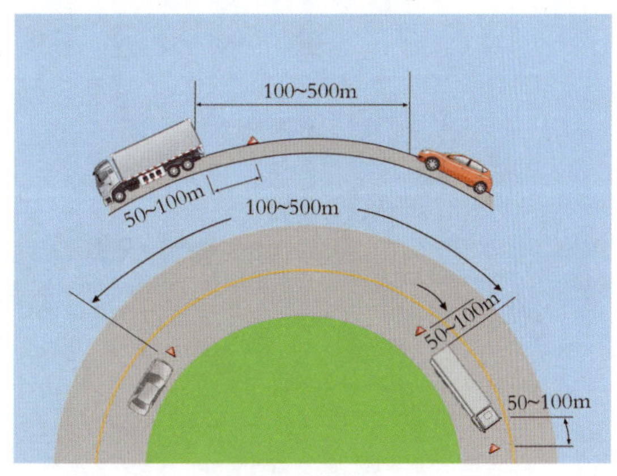

2 疏散现场人员

客车在道路上发生交通事故时，要立即将旅客转移到道路以外的安全地带，尽量避免旅客滞留在道路上。在高速公路上发生事故时，驾驶员应将人员疏散到来车方向150m、高速公路护栏以外的安全区域，切不可向下游疏散人员或让人员滞留在高速公路行车道上。

遇隧道内发生交通事故，出现车辆起火或易燃、易爆气体和液体泄漏时，应组织乘客沿远离事故车辆或者距隧道出入口较近的方向逃生，同时，利用隧道内标有“安全通

道”标志的逃生通道逃生。

如果现场有扩大事故的因素，如事故车辆装有易燃、易爆、剧毒、放射性物质等危险物品，车辆起火以及出现易燃气体和液体泄漏时，驾驶员应立即设法疏散围观人群，隔离现场，尽可能采取降温、灭火等措施进行应急处置，必要时设法将危险车辆驶离现场。

3 报警

遇有人员伤亡事故或与道路危险货物运输车辆发生碰撞产生泄漏、起火等情况，驾驶员应立即拨打110、122、120或119等报警、救援电话，说明事故情况、事故危害，并在现场采取一切可能的警示措施，积极配合有关部门进行处置。

报警时，需要说明的有关信息主要包括：

（1）报警人的姓名、联系方式；

（2）发生道路交通事故时间、地点；

（3）人员伤亡情况；

（4）车辆类型、车辆牌号，是否载有危险物品、危险物品的种类等；

（5）涉嫌交通肇事逃逸的，还应当说明肇事车辆的车型、颜色、特征及其逃逸方向、逃逸驾驶员的体貌特征等有关情况。

 小知识

事故现场需要报警的情形

发生道路交通事故有下列情形之一的，应当立即报警并保护现场等候处理，不得驶离：

（1）造成人员死亡、受伤的；

（2）发生财产损失事故，当事人对事实或者成因有争议的，以及虽然对事实或者成因无争议，但协商损害赔偿未达成协议的；

（3）机动车无号牌、无检验合格标志、无保险标志的；

（4）载运爆炸物品、易燃易爆化学物品以及毒害性、放射性、腐蚀性、传染病病原体等危险物品车辆的；

（5）碰撞建筑物、公共设施或者其他设施的；
（6）驾驶员无有效机动车驾驶证的；
（7）驾驶员有饮酒、服用国家管制的精神药品或者麻醉药品嫌疑的；
（8）当事人不能自行移动车辆的。

在报警时，准确提供事故地点的位置信息，对于救援人员及时赶到现场实施救助非常关键。在道路上，确认地理位置信息的方法包括：

（1）利用道路里程牌。一般在高速公路的路中或右侧护栏设置有里程牌和百米牌，里程牌每隔1km设置一个，显示高速公路编号和所在位置距离起点的里程数；百米牌每隔100m设置一个，显示所在位置距离起点的里程数和百米数。图中所代表的地理位置为G70高速公路22km+100m处。

（2）利用道路指示标志。道路路侧每隔一定距离设置有地点距离指示标志，预告道路前方所要经过的重要的地点、道路的名称和距离。此外，一些地区的公安交通管理部门在高速公路两侧护栏每间隔一定距离公示救援服务信息，包括当前位置、报警电话和救援电话等。

（3）利用手机微信定位。驾驶员可以利用手机微信中的“位置”功能，定位和向微信朋友发送本人所在的位置信息。

4 开展自救与互救

事故现场有人员伤亡的，驾驶员应立即抢救受伤人员，及时将轻微伤员和其他人员疏散到安全地带。因抢救受伤人员变动现场的，应当标记伤员的原始位置。

5 保护事故现场

对于重大交通事故，驾驶员在警察赶到现场前可先采取必要的措施对事故现场进行保护，记录事故现场的情况：

（1）需要标划现场的交通事故，驾驶员在标定机动车停车位置时，可用石笔或粉笔在车辆的每个车轮外延中心垂直于地面上标划“T”形线。如果是多车轮的车辆，只需标划前后四个车轮即可。

（2）驾驶员可使用相机或者手机，从车辆前方、侧面和后方的不同角度，对事故相关车辆的位置、受损部位及受损程度等做好拍摄记录。

（3）遇有雨天、雪天或刮风等自然现象可能会对现场重要痕迹、物证造成破坏时，驾驶员可用塑料布、席子等将现场的尸体、血迹、制动印痕和其他散落物等遮盖起来。

在繁华或者重要路段发生事故时，驾驶员要服从执勤交通警察的指挥，及时将车辆移离现场，以恢复交通秩序。

二 事故现场伤员急救知识

1 正确判断伤情

在事故现场发现伤员时，应先对伤员的处境和伤情进行全面检查和判断，比如，是否有重物压在伤员的身上，是否有异物插入伤员的体内，伤员是否出现昏迷、呼吸中断等症状，伤员是否出血、骨折等。对于意识清醒的伤员，应询问哪里疼痛和不适，初步判断受伤部位，以便选择正确的急救方法。

2 科学施救，避免造成二次伤害

抢救人员要沉着、仔细，根据伤员的处境和伤情，科学实施救护。从车体中移出伤员时，动作要轻柔，尽可能移开压在伤员身上的物品，而不要强行拉拽伤员的肢体；不要随意拔出插入伤员体内的异物；正确搬运伤员，避免因搬运不当造成伤员的伤势加重。

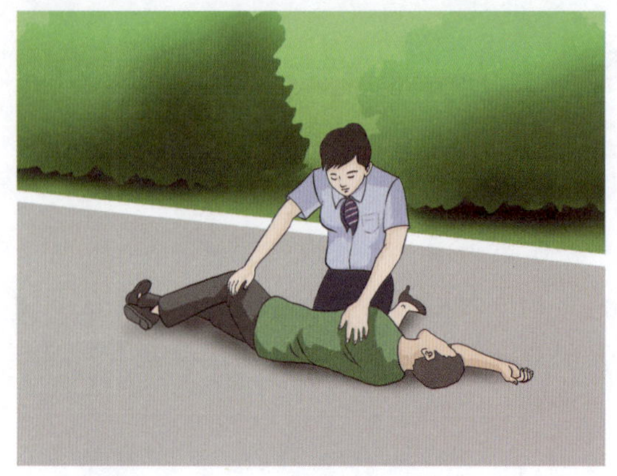

3 选择安全的场所实施救护

尽快将伤员救离事故现场，尽量选择广场和空地等开阔区域，在救护车能够接近的安全地方和夜间有照明的地方实施抢救，不能在弯道、坡道或交叉路口等危险区域实施抢救。应尽可能使用救护车运送伤员，使伤员平卧，减少运送途中的二次损伤。

4 先救命，后治伤

在等待专业救护人员赶赴事故现场时，应先抢救存在昏迷、休克、呼吸中断等症状的重伤员，再护理一般的伤员，对伤员进行伤口包扎、固定等处理。

第八章 道路旅客运输知识

道路旅客运输是用客车通过道路运输来实现旅客的位移，向旅客提供服务的过程。道路旅客运输的服务对象是人，具有不同于其他运输类型的特点，安全、便捷、准时、经济、舒适、文明是旅客对运输质量的要求。本章介绍了道路旅客运输服务规范、旅客出行心理与服务知识以及旅客运输途中的应急处置知识。

第一节 道路旅客运输安全服务规范

本节中，驾驶员通过学习掌握近年来各种法规、制度中有关道路旅客运输的安全服务规范，可以自觉规范运输经营行为，更好地保障客运安全。

一 遵守“三不进站、六不出站”

班车客运应严格遵守“三不进站、六不出站”制度，三不进站是指：易燃易爆和易腐蚀等危险品不进站、无关人员不进站和无关车辆不进站。六不出站是指：超员客车不出站、安全例行检查不合格客车不出站、驾驶员资质不符合要求不出站、客车证件不齐不出站、出站登记表未经审核签字不出站和旅客未系安全带不出站。

二 做好客车安全例行检查

在报班前，客运班车要严格执行客车安全例行检查制度，提前做好客车安全例行检查。客运班线单程营运里程小于800km的客运班车和往返营运时间不超过24h的客运班车，实行每日检查一次；客运班线单程营运里程在800km（含）以上的客运班车和往返营运时间在24h（含）以上的客运班车，实行每个单程检查一次。

客运班车经安全例行检验合格后，由例检人员签发《安全例检合格通知单》，作为客车报班发车的依据。《安全例检合格通知单》自签发时起，24h内报班有效。《安全例检合格通知单》超过时限的班线客车，须重新进行安全例检，合格后，才允许报班。

安全例检不合格的客车，应进行修理，维修合格后，再进行复检。客车未经安全例检或安全例检不合格，不得营运。

三 随车携带相关证件

在发车前，班车客运驾驶员应持机动车驾驶证、驾驶员从业资格证、车辆行驶证、安全例检合格通知单等相关证件到客运站调度室报班，接受调度员的查验。经查验合格，向调度员领取派车单和车辆运营牌证，提前将客车驶入预定发车位，并将客运标志牌放置在前风窗玻璃内的右下方。

包车客运驾驶员应提前在网上向道路运输管理机构提交包车业务申请，审批通过后，打印含申请业务相关信息的讫点地标贴，并将此标贴粘贴到标志牌正面的讫点地处。包车客运驾驶员应随车携带机动车驾驶证、驾驶员从业资格证、车辆行驶证、道路运输证以及包车票或者包车合同等相关证件，将客运标志牌放置在前风窗玻璃内的右下方。

四 防范旅客携带违禁物品

未配备安全检测设施的客运站或临时停靠站点，旅客上车时，驾驶员要注意旅客是否在行李中夹带危险物品或者国家规定的违禁物品上车。禁止旅客携带的易燃、易爆危险品和违禁物品见表8-1。

禁止旅客携带的易燃、易爆危险品和违禁物品 表8-1

危险品类别	图片	代表性物质	危害性
易燃、易爆品	爆炸品 1	汽油、煤油、柴油、乙醇炸药、雷管、烟花爆竹、指甲油、嗜喱水、摩丝、发胶、染发剂、喷雾剂、卫生杀虫剂	受热、撞击、遇湿等外界作用，能发生剧烈的化学反应、瞬时发生爆炸或燃烧
剧毒品	剧毒品 6	农药、二甲苯	吸入或皮肤接触后可能造成严重受伤，健康损害甚至死亡
腐性品	腐蚀品 8	硫酸、硝酸、盐酸	接触时会造成严重受伤
放射性物质	二级放射性物品 7	夜光粉、发光剂、放射性同位素	轻者会造成细胞损伤、头晕、疲乏、脱发等；重者会引起白血病、癌变甚至死亡，或引起基因突变和染色体畸变
刀具、枪械		自制枪、制式枪、仿真枪、子弹、管制刀具、匕首、弹簧刀	制造抢劫、人身伤害事件

发现旅客在行李中夹带危险物品或者国家规定的违禁物品时，要制止其携带上车，耐心做好解释工作。经劝阻旅客仍然坚持携带的，驾驶员可以拒绝运输，拨打报警电话，交由公安部门处理。

违禁物品排查方法包括：

（1）望：观察旅客携带的物品是否为大件物品、深色塑料袋袋装物品或桶装、瓶装物品等，此外，观察旅客神情是否紧张或伪装镇定，行为表现是否异常。

（2）闻：是否有刺激性气味、芳香味、氨味等异味。

（3）问：发现可疑情形时，主动询问旅客携带的是何物品，同时注意礼貌用语，避免与乘客发生言语或肢体冲突。

五 出车前安全告知

班车客运和旅游客运驾驶员在发车前，应口头或者通过播放宣传片对旅客进行安全告知。安全告知的主要内容包括：

（1）客运公司名称、客车号牌、驾驶员及乘务员姓名和监督举报电话；

（2）客运车辆核定载客人数、行驶线路、经批准的停靠站点、中途休息站点；

（3）法律、法规规定事项，如禁止旅客携带或客运车辆装运的危险品，禁止超载、超速、疲劳驾驶，连续驾驶时间不超过4h；禁止在高速公路上和未经批准的站点上下客；禁止携带危险品进站上车；禁止改变线路行驶；禁止关闭、屏蔽卫星定位信号；禁止客车22时至凌晨6时途经三级以下山区公路达不到夜间安全通行条件的路段；卧铺客车凌晨2~5时停车休息等；

（4）车辆应急出口逃生方法以及安全带和安全锤使用方法。

六 出车前安全承诺

发车前，客运驾驶员要结合安全告知向乘客进行“面对面”的安全承诺。承诺在驾驶过程中做到：

（1）不超速，严格按照道路限速要求行驶；

（2）不超员，车辆乘员不得超过核定载客人数；

（3）不疲劳驾驶，日间连续驾驶时间不超过4h，夜间连续驾驶时间不超过2h；

（4）不接打手机，在驾驶过程中保持注意力集中；

（5）不关闭动态监控系统，做到车辆运行实时在线；

（6）确保乘客系好安全带，全程按要求佩戴使用；

（7）确保乘客生命安全，为旅途平安保驾护航。

七 接受客车出站安全检查

班线客车行驶至客运站的出站口时，客运驾驶员应主动接受出站检查，检查合格并与出站检查人员共同签字确认后再出站。

客车出站检查主要包括以下内容：

（1）检查出站客车报班手续是否完备，包括《安全例检合格通知单》、行驶证、道路运输证和客运标志牌等单证齐全、合格。

（2）检验每一名当班驾驶员持有的从业资格证、机动车驾驶证，受检驾驶员与报班的驾驶员应一致。

（3）清点客车载客人数，客车不得超载出站。

（4）检查装有安全带的客车旅客安全带系扣情况，客车出站时所有旅客应系好安全带。

小知识

客车驾驶员不配合出站检查的处罚措施

客运驾驶员不配合出站检查且经劝告仍不接受出站检查的，客运站有权拒绝客车出站。经劝阻无效，仍滞留现场扰乱秩序的，客运站可采取相应措施，安排客车上的旅客改乘并报当地道路运输管理机构；对强行出站的，客运站可报告当地道路运输管理机构处理。对相应客车，客运站可在一定期限内禁止其进站发班。

八 遵守汽车载客规定

客运驾驶员应遵守以下客车装载规定：

（1）在载客汽车核定的载客人数限额内运送旅客，禁止超员。但是，在载客人数已满的情况下，可以搭乘不超过核定载客人数10%、按照规定免票的儿童。

（2）载客汽车除车身外部的行李架和内置的行李箱外，不得载货。载客汽车行李架载货，从车顶起高度不得超过0.3m，从地面起高度不得超过4m。

（3）客运班车应在规定的途经站点进站上下旅客，无正当理由不得改变行驶线路，不得在站外上客或者沿途揽客。

（4）不得侵害旅客的合法权益，比如强迫旅客乘车，敲诈旅客；中途将旅客交给他人运输、擅自变更车辆运输或者甩客。

九 遵守驾驶时间的规定

行车途中，客运驾驶员应严格遵守驾驶

时间的规定，杜绝疲劳驾驶。客运驾驶员白天连续驾驶时间不得超过4h、夜间（晚22时至凌晨5时）连续驾驶时间不得超过2h，每次停车休息时间不少于20min。客运驾驶员（包括接驳驾驶员）在24h内驾驶时间累计不得超过8h。

从事高速公路单程运行600km以上、其他公路单程运行400km以上的客运任务时，应提前做好行车计划，与随车的其他驾驶员安排轮换休息时间，避免疲劳驾驶。驾驶员从事单程运行800km以上的长途班车客运任务时，应合理制定行车计划，尽量减少夜间运行时间，在凌晨2～5时应停止运行。采用接驳运输方式的，应按照规定做到停车换人、落地休息。

接驳运输车辆要在车内右侧前风窗玻璃放置《长途客运接驳运输车辆标识》，安装具有驾驶员身份识别功能和行驶记录功能的卫星定位车载视频终端。当班驾驶员和接驳驾驶员应遵守以下规定:

（1）发车前，当班驾驶员要领取、填写并随车携带《长途客运接驳运输行车单》。

（2）当班驾驶员和接驳驾驶员应严格遵守国家关于客车驾驶时间和行驶速度的规定，接驳时间尽可能安排在23时至凌晨2时之间。

（3）车辆到达指定的接驳点后，当班驾驶员和接驳驾驶员交接车辆相关证件，填写《长途客运接驳运输行车单》，并由接驳点管理人员签字、盖章。

（4）在运输任务结束后，当班驾驶员要及时将《长途客运接驳运输行车单》上交道路客运企业留存备查。

第二节 道路旅客出行心理与服务知识

客运服务，一方面是将旅客安全到达目的地，另一方面是满足旅客在整个运营过程中的合理需求。服务质量的高低和服务水平的优劣体现在满足旅客需要的程度。本节中，驾驶员通过学习乘客心理与服务知识，掌握旅客出行心理需求和服务技巧，树立服务意识，不仅有利于驾驶员与旅客之间的交流和相互理解，避免发生服务纠纷，而且能够针对旅客不同层次的需求，开展更加人性化、多样化、差异化的客运服务，真正实现以人为本的优质客运服务。

一 旅客的共性心理需求与服务技巧

虽然旅客的心理活动千差万别，其心

理需求也是多方面的，但不同旅客之间有一些共性的心理特征。客运驾驶员充分把握旅客的这些共性心理，灵活运用服务技巧（表8-2），因势利导，化消极因素为积极因素，能够有效地提高服务质量和旅客的满意度。

旅客出行共性需求及服务技巧　表8-2

出行需求	服务技巧
安全需求，包括人身安全、财产安全	（1）旅客上车时，检查旅客的随身行李是否安放正确，行李架上的物品摆放整齐、稳妥，不会脱落； （2）行车中，遵章守法，采取防御性驾驶，控制好车速和安全距离，尽量保持车辆运行平稳，避免紧急制动、急加速、急转向等危险驾驶行为； （3）遇转弯、道路条件较差或者交通拥堵的路段，及时对旅客进行必要的安全提示； （4）中途停车时，注意看管旅客的行李，起步前清点人数，防止遗漏旅客
准时到达目的地需求	（1）准时发车，按照预定线路运行； （2）中途停车时，与旅客约定好上车时间； （3）受到交通拥堵、车辆故障、交通事故等客观条件和意外事件影响时，要耐心向旅客做好解释，稳定旅客情绪，必要时向企业请求援助
乘车舒适性需求	（1）出车前做好客车的清洁，保持车窗明净、座椅整洁； （2）行车中合理使用空调系统，做好车厢内通风和温度控制； （3）根据旅客要求播放健康合法的娱乐音视频节目，营造和谐、快乐的氛围； （4）根据需要准备饮用水、常用药等供旅客取用； （5）使用规范服务用语，微笑服务
受尊重需求	（1）注重服务用语和礼仪，态度和蔼，忌用命令、催促、不耐烦的口吻，更不可用讽刺、挖苦的语言； （2）旅客遇到困难时，及时给予力所能及的帮助

二　旅客的个性心理需求与服务技巧

在旅客群中，除了有共性的心理特征外，每个人因性格、文化水平、社会经历等不同，还会有个性化的心理特征。驾驶员应掌握旅客微妙的心理变化，运用恰当的表情、言语和服务对症下药，从而让旅客满意你的服务。旅客出行个性需求及服务技巧见表8-3。

旅客出行个性需求及服务技巧　表8-3

旅客特征	服务技巧
动作迟缓或者行动不便的旅客，如老年人、残障人士	保持耐心，不催促，及时给予必要的帮助
携带较多行李的旅客，比如探亲归家人员、务工人员	（1）不用讽刺、挖苦的语言，无轻视的面部表情； （2）了解旅客的目的地，告知旅客下车的站点
带小孩的旅客	（1）主动为随行大人提供必要的帮助，发车前向随行大人说明安全乘车注意事项； （2）注意小孩的行为动态，及时给予安全提示
晕车的旅客	（1）发车前，了解易晕车旅客的情况，主动为旅客提供塑料袋等服务，必要时，协助旅客调换至颠簸较少的座位； （2）给予和更加细致的照顾，不用讽刺、挖苦的语言，无轻视的面部表情

从细节入手，创新服务

在盐城丹鹤汽运队伍中，有一个服务优秀、素质过硬的驾驶组，这就是名气响亮的“老郭驾驶组”，组长是郭建军。他始终秉承“文明服务、礼貌待客、遵纪守法、文明行车、安全舒适、快捷直达”的服务承诺，严格执行服务过程中“十字”文明用语，把“为旅客服务、向旅客承诺、请旅客监督、让旅客满意”贯穿于旅途服务中。他带领组员把微笑迎客、热心服务、安全喊话等细节服务变成了一种职业习惯，并以“服务优、爱车优、素质优”被评为“江苏快客”品牌班车，2014 年荣获全省“江苏快客之星”称号，2016 年被省交通运输厅评为“爱岗敬业驾驶员”。

他善于从细节入手，创新服务品质。对雨天行车，创建了“5 步法”的服务方法：他发现，每逢下雨天乘客的鞋上都会沾满泥水，使得车厢过道潮滋滋的，而旅客上车从第 1 个台阶算起，5 步之后潮湿的鞋子在过道内就没有湿脚印了。于是，在雨天他用废旧报纸从第 1 个台阶铺起，一直铺到第 5 层台阶。自此，车厢里变得干干净净、清清爽爽。

三 服务纠纷等异常情况处理

1 行车中旅客发生磕碰、摔倒

行车途中，旅客在车内发生磕碰、摔倒时，客运驾驶员应尽快靠边安全停车，查看旅客受伤情况，进行必要的处理。如旅客受伤比较严重，应立即拨打120急救电话，向车队管理人员汇报情况，就近送往医院救治，同时向其他旅客做好解释工作。

小知识

旅客伤亡及财产损失的赔偿规定

承运人应对运输过程中旅客（包括按照规定免票、持优待票或者经承运人许可搭乘的无票旅客）的伤亡、自带物品的毁损或灭失，承担损害赔偿责任，但伤亡是旅客自身健康原因或者是旅客故意、重大过失造成的除外。

客运经营者在运输过程中造成旅客人身伤亡，行李毁损、灭失，当事人对赔偿数额有约定的，依照其约定；没有约定的，参照国家有关港口间海上旅客运输和铁路旅客运输赔偿责任限额的规定办理。

目前，旅客因意外事故可获得的赔偿主要有两个方面：（1）客运经营者为旅客购买了承运人责任保险，此类保险时间较长，一般为 1 年期，赔付标准相对较高。（2）旅客购票时自愿购买的、保费 2 元的意外险，在当次客车生效，加上包含在客票中的旅客意外险，保额约为 10 万元。

2 遇乘客争吵或打架等治安事件

若乘客之间发生激烈争吵，驾驶员可以采取以下应急处置措施：

（1）立即平稳靠边停车，安全放置危险警告标志，对当事人进行劝阻。

（2）如劝阻无效，立即拨打110报警电话，向单位报告，听从公安机关指挥。

（3）如果打人者强行逃逸，驾驶员应注意观察其体貌特征及逃跑方向，向公安机关提供侦破线索。

小知识

旅客服务技巧

与他人沟通时，驾驶员要目光平视对方，态度认真、诚恳，注意倾听，不急于打断旅客说话，不要边工作边应答；说话声调温和、声音清晰，用商量的语气，多使用“请”“劳驾”“对不起”“不用客气”等敬语；忌问乘客的个人隐私，如年龄、婚姻状况、收入、财产等，不追问乘客不愿回答的问题；忌揭人短处，如身体残疾、生理缺陷等。

遇到旅客情绪激动，甚至有意找茬或强词夺理时，驾驶员多些包容，控制好情绪，不跟旅客争论，做到得理让人。

制止乘客某种行为时，驾驶员要使用劝告、建议、请求的语句说话，不要用命令、训诫式的语句。

第三节 运输途中突发事件的处置方法与安保常识

驾驶员在运输途中，时常会遇到一些突发事件，如乘客财物被盗、车内乘客打架、车内发生抢劫、车内发现可疑爆炸物品等。本节中，驾驶员通过学习运输途中突发事件的处置方法、旅客运输常规安保措施等知识，在发生突发事件时，能够采取积极有效的处置措施，化被动为主动，可以更好地保护乘客的生命和财产安全。

一 运输途中突发事件的处置方法

1 遇乘客突发疾病

旅途中长时间的颠簸、车内较差的空气环境等容易诱发旅客潜在的疾病，有些疾病需要得到及时的救助。常见的突发疾病和症状包括心肌梗塞、心绞痛、冠心病、房颤（心力衰竭）， 精神病、癫痫（精神失常、晕厥），肺炎、肺心病、慢性支气管炎、哮喘（呼吸困难），以及晕车、中暑、虚脱等。

途中旅客突发疾病时，客运驾驶员应尽快减速，靠边安全停车，探查旅客病情，及时采取救助措施。如果旅客病情不明或者疾病较严重，客运驾驶员应立即拨打120急救电话，在车内寻求医务专业人员进行救助，就近送往医院救治，同时向其他旅客做好解释工作。

2 遇车辆发生人为纵火

未起火时，应设法稳定作案人情绪，与其周旋，组织乘客阻止其纵火行为，尽快安全停车和疏散人员，拨打110报警电话。

起火时，应立即降低车速，平稳靠边停车熄火，关闭电源、燃油或燃气总开关，打开车门，迅速疏散乘客，并安全放置危险警告标志。

当车门开关失效时，应使用应急开关打开车门或者打开逃生窗，使用安全锤等工具击碎车窗玻璃，迅速疏散乘客。立即拨打110、119和120报警电话，同时向单位报告。紧急情况下，应积极组织动员乘客、社会公众等参与应急救援。

使用车载灭火器扑救初期火情后，就近寻求抢险援助。必要时留下2名以上目击证人或其联系方式，保护现场，协助公安机关和医护人员开展现场调查和救援工作。

3 车内发现可疑爆炸物品或受到爆炸威胁

车内发现可疑爆炸物品时，驾驶员可以采取以下应急处置措施：

（1）立即降低车速，平稳靠边停车熄火，关闭电源、燃油或燃气总开关。

（2）以“车辆发生故障”为由，迅速疏散乘客。如乘客拒绝下车，应告知“车内发现可疑危险物品”，并劝告其下车。

（3）待乘客安全疏散后，安全放置危险警告标志，拨打110报警电话，并向单位报告，禁止触动可疑爆炸物品。

（4）取用车载灭火器，做好初期火情扑救准备。

在车辆行驶中受到爆炸威胁时，驾驶员不应存侥幸心理，而应宁可信其有，并克服畏惧和恐慌情绪。驾驶员可以采取以下应急处置措施：

（1）立即降低车速，选择安全区域靠边停车，尽量将车辆停靠在远离危险源和人流密集的地方。

（2）尽快组织乘客撤离现场，并迅速报警，等待警察抵达现场进行处置。

4 遇抢劫事件

在车辆行驶中发生车内暴力抢劫、伤人等紧急情况时，驾驶员要保持冷静，坚守岗位，确保行车安全；与作案人员周旋，适时用短信等方式报警或者将险情传递出去；设法疏散乘客，保护自身安全。在危急情况下，应果断停车熄火、拔下钥匙，防止作案人员利用车辆制造恶性事端。

作案人员逃离现场时，驾驶员应尽量记清作案人员的体貌特征、衣着、口音、凶器等，协助公安机关调查；观察其逃跑方向，立即拨打110报警电话，并向单位报告；维护

好现场秩序，保护现场；对伤员进行必要的救护，并视情拨打120急救电话。

二 道路旅客运输常规安保工作措施

大型客车和途经重要线路的营运客车容易成为恐怖实施的目标，易发生纵火、爆炸、劫持车辆、劫持人质等恐怖袭击事件，因此，驾驶员要按照规定和实际需要采取反恐防范措施。

常规安保工作措施主要包括以下几个方面：

（1）在营运客车车厢内醒目位置标示报警短信或电话号码；在车内装备必要的自卫器械，确保遇到侵害时，驾驶员能有效应对。

（2）出车前，驾驶员要确认车载灭火器、安全锤、应急照明、应急出口、卫星定位装置和视频监控等设施设备完好有效，车底无异常附着物。收车后，驾驶员应对车内行李架、座椅和行李舱等进行检查，如发现可疑遗留物品，立即报告安保部门或公安机关，注意保护现场，不得擅自处理。

（3）进站时，驾驶员应主动接受客运站安保工作部门的登记、证件查验和安全检查，经同意后方可进入。

（4）发现乘客行李物品中夹带有枪支、弹药及其他疑似禁寄物品时，应立即拨打110报警。中途乘客下车提取行李时，驾驶员要陪同，记录乘客的下车时间、地点等信息。

（5）运输途中，驾驶员发现可疑情况或涉恐事件信息，应及时拨打110报警并向单位报告，配合公安机关开展调查。

小知识

未按规定落实反恐怖措施的处罚规定

根据《道路旅客运输及客运站管理规定》第三十七条的规定，省际、市际客运班线的经营者或者其委托的售票单位、起讫点和中途停靠站点客运站，应当实行客票实名售票和实名查验。根据《道路旅客运输及客运站管理规定》第八十五条的规定，省际、市际客运班线的经营者或者其委托的售票单位、起讫点和中途停靠站点客运站经营者未按规定对旅客身份进行查验，或者对身份不明、拒绝提供身份信息的旅客提供服务的，由县级以上道路运输管理机构责令改正；拒不改正的，处10万元以上50万元以下罚款，并对其直接负责的主管人员和其他直接责任人员处10万元以下罚款；情节严重的，由县级以上道路运输管理机构责令其停止从事相关道路旅客运输或者客运站经营业务；造成严重后果的，由原许可机关吊销有关道路旅客运输或者客运站经营许可证件。

根据《反恐怖主义法》第八十六条的规定，长途客运经营者、服务提供者未按规定对客户身份进行查验，或者对身份不明、拒绝身份查验的客户提供服务的，由主管部门处10万元以上50万元以下罚款，并对其直接负责的主管人员和其他直接责任人员处10万元以下罚款。

第九章 道路货物运输知识

道路货物运输是指以载货汽车为主要工具，将货物运抵目的地的活动。道路货物运输是向运输需求者提供运输服务的过程，可根据客户的要求，实现“门到门”服务，运输形式方便、灵活，运输过程要求迅速、准确、货物完整、安全。本章介绍了道路货物运输基本知识、道路货物运输环节与安全等知识。

第一节 道路货物运输基本知识

本节中，驾驶员通过学习掌握道路货物装载相关规定、多式联运知识、道路危险货物运输规定、国际道路运输规定、道路货物运输商务知识等道路货物运输应知应会的基本知识。

一 货物装载相关规定

货运驾驶员应遵守以下机动车装载规定：

（1）在载货汽车核定的载质量限额内运送货物，严禁超载。

（2）载物的长、宽、高不得违反装载要求。重型、中型载货汽车及半挂车载物，高度从地面起不得超过4m，载运集装箱的车辆不得超过4.2m；其他载货的机动车载物，高度从地面起不得超过2.5m。

（3）货运机动车禁止载客。

（4）避免遗洒、飘散载运物。应采取有效措施，防止货物变质、腐烂、短少或者损失，防止货物脱落、扬撒等情况发生。

根据《超限运输车辆行驶公路管理规定》和《整治公路货车违法超限超载行为专项行动方案》（交办公路〔2016〕109号）的规定，有下列情形之一的公路货物运输车辆，

属于超限运输车辆：

（1）车货总高度从地面算起超过4m；

（2）车货总宽度超过2.55m；

（3）车货总长度超过18.1m；

（4）车货总质量超过表9-1中相应车型的总质量限值。

公路货运车辆超限超载认定标准 表9-1

<table>
<tr><th>轴数</th><th>车 型</th><th colspan="2">图 例</th><th>总质量限值（t）</th></tr>
<tr><td>2轴</td><td>载货汽车</td><td></td><td></td><td>18</td></tr>
<tr><td rowspan="4">3轴</td><td>中置轴挂车列车</td><td></td><td></td><td rowspan="2">27</td></tr>
<tr><td>铰接列车</td><td></td><td></td></tr>
<tr><td rowspan="2">载货汽车</td><td></td><td></td><td rowspan="2">25</td></tr>
<tr><td></td><td></td></tr>
<tr><td rowspan="5">4轴</td><td rowspan="2">中置轴挂车列车</td><td></td><td></td><td>36</td></tr>
<tr><td></td><td></td><td>35</td></tr>
<tr><td>铰接列车</td><td></td><td></td><td rowspan="2">36</td></tr>
<tr><td>全挂汽车列车</td><td></td><td></td></tr>
<tr><td>载货汽车</td><td></td><td></td><td>31</td></tr>
</table>

续上表

轴数	车型	图例		总质量限值（t）
5轴	中置轴挂车列车		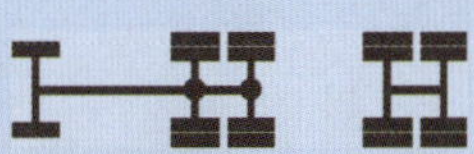	43
			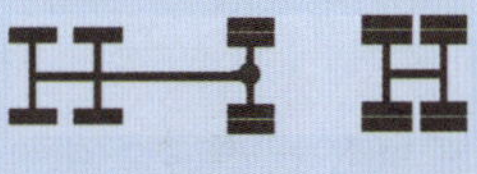	
	铰接列车			
			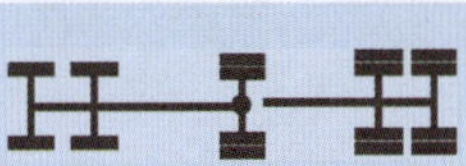	
			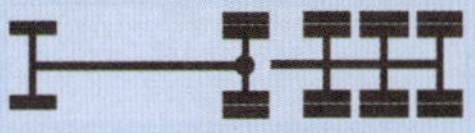	42
	全挂汽车列车		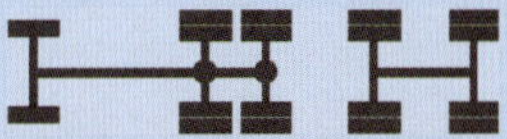	43
			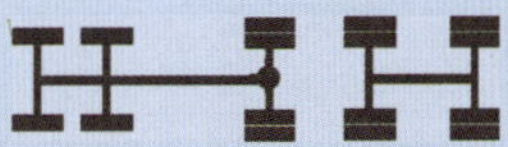	
6轴	中置轴挂车列车	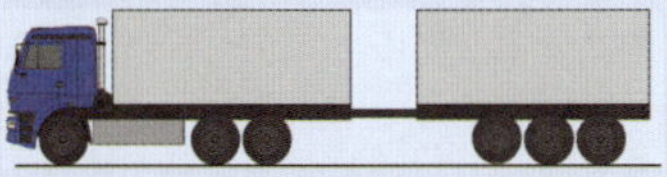		49
			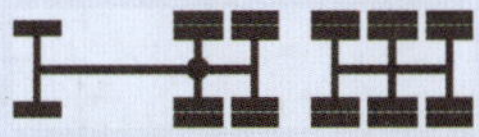	46
				49
			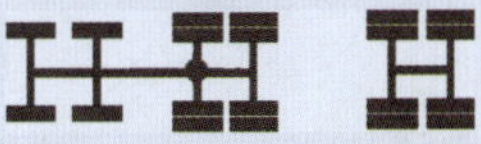	46
	铰接列车	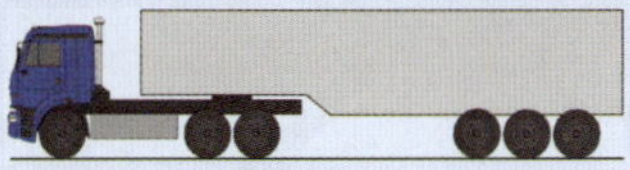	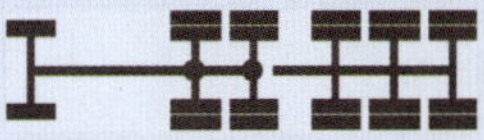	49
			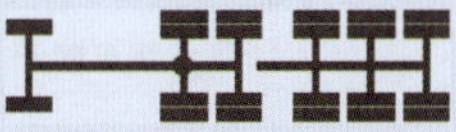	46
			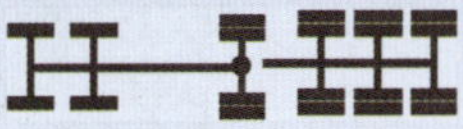	46

续上表

轴数	车　型	图　例		总质量限值（t）
6轴	全挂列车			49
				46
备注	（1）二轴货车车货总重还应当不超过行驶证标明的总质量。 （2）除驱动轴外，图例中的2轴组、3轴组以及半挂车和全挂车，每减少2个轮胎，其总质量限值减少3t。 （3）安装名义断面宽度不小于425mm轮胎的挂车及其组成的汽车列车，驱动轴安装名义断面宽度不小于445mm轮胎的载货汽车及其组成的汽车列车，其总质量限值不予核减。 （4）驱动轴为每轴每侧双轮胎且装备空气悬架时，3轴和4轴货车的总质量限值各增加1t；驱动轴为每轴每侧双轮胎并装备空气悬架，且半挂车的2轴之间的距离$d\geqslant$1800mm的4轴铰接列车，总质量限值为37t。 （5）图例中未列车型，根据《汽车、挂车及汽车列车外廓尺寸、轴荷及质量限值》（GB 1589）的规定确定相应的总质量限值。			

二 多式联运

目前，货物运输有水路、公路、铁路和航空等多种运输形式，其中，水路运输具有运量大，成本低的优点；公路运输具有机动灵活，便于实现货物门到门运输的特点；铁路运输不受气候影响，可深入内陆和横贯内陆实现货物长距离的准时运输，周期较长；航空运输可实现货物的快速运输，成本较高。多式联运是指由两种及其以上的交通工具相互衔接、转运而共同完成的运输过程，主要是运输集装箱货物，实行一票到底、单一运费率，即发货人只要订立一份合同、一次付费、一次保险，通过一张单证即可完成全程运输，避免了单一运输方式多程运输手续多、易出错的缺点。

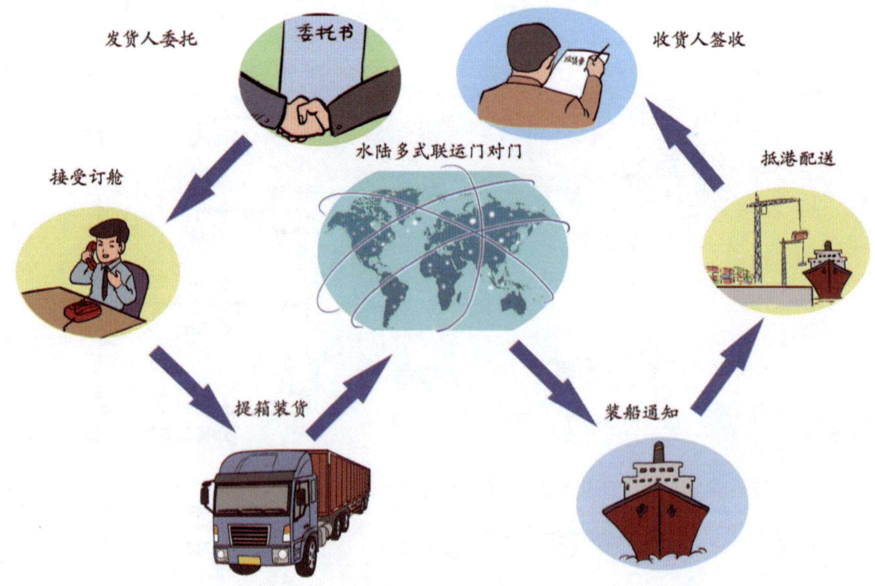

多式联运可分为协作式和衔接式两种类型：

（1）协作式。协作式多式联运是指两种或两种以上运输方式的运输企业，按照统一的规章或商定的协议，共同将货物从接管货物的地点运到指定交付货物的地点的运输。

在这种联运方式中，一个承运人（或代表所有承运人的联运机构）与发货人订立运输合同，其他承运人都必须遵守该项运输合同。同时，每个承运人不但有义务完成自己区段的实际运输和有关的货运组织工作，还应根据规章或约定协议承担风险，分配利益。如果发生了货物灭失、损害和运输延误，由该区段的实际承运人承担相应的赔偿责任。

（2）衔接式。衔接式多式联运是指由一个多式联运经营者综合组织两种或两种以上运输方式的运输企业，将货物从接管货物的地点运到指定交付货物的地点的运输。

在这种联运方式中，运输组织工作与实际运输生产实现了分离，多式联运经营者负责全程运输组织工作，而各区段的实际承运人负责实际运输生产。多式联运经营者与发货方订立全程运输合同，向发货方收取全程运费及其他费用，并承担承运人的义务，同时，又与各区段实际承运人订立分运合同，向实际承运人支付运费及其他必要的费用。如果全程运输中发生了货物灭失、损害和运输延误，无论是否能确定发生的区段，发（收）货人均可向多式联运经营者提出索赔。

小知识

货运车型标准化知识

目前，我国各类货运车型庞杂，牵引车与挂车的连接和匹配缺乏标准规范，货车与铁路、船舶等其他载运工具以及物流设施设备等技术标准缺乏统筹对接，难以实现换装转运的“无缝衔接”，阻碍了甩挂、多式联运和运输装备模块化的发展。因此，我国政府推行货车车型标准化，引导车辆制造企业按照国家标准生产牵引车和挂车，同时，发布甩挂运输推荐车型目录，引导货运经营者选购车辆。

三 道路危险货物运输

依据《危险货物品名表》（GB 12268）和《危险货物分类和品名编号》（GB 6944）的规定，按危险货物具有的危险性或最主要的危险性，危险货物可分为爆炸品、气体、易燃液体、易燃固体、易于自燃的物质、遇水放出易燃气体的物质、氧化性物质和有机过氧化物、毒性物质和感染性物质、放射性物质、腐蚀性物质和杂项危险货物和物品等九类。

从事道路危险货物运输必须具备相应的经营资质条件，比如驾驶员、押运员应依法取得道路危险货物运输从业资格证件，具有符合要求的危险货物专用运输车辆、专用设备等，向设区的市级道路运输管理机构提出申请，取得道路危险货物运输经营许可。

违规运输危险品主要有两个方面的危害：一是道路运输危险货物种类多、专业性强，驾驶员未接受专业系统培训，未取得危险货物运输从业资格时，无法系统掌握危险货物的特性、运输要求、应急处置方法等知识和技能，难以保障运输安全，且在发生事故时，不能及时采取有效的应对措施，会加剧事故的危害程度。二是危险货物运输车辆应具备较高的技术条件，使用不符合技术要求和无运输资质的车辆运输危险货物时，危险货物在运输过程中易泄漏或发生化学变化，从而引发恶劣的运输安全事故。

爆炸品标志

爆炸品标志

爆炸品标志

易燃气体标志

不燃气体标志

有毒气体标志

易燃液体标志

易燃固体标志

自燃物品标志

遇湿易燃物品标志

氧化剂标志

有机过氧化物标志

剧毒品标志

有毒品标志

有毒品（远离食品）标志

感染性物品标志

一级放射性物品标志

二级放射性物品标志

三级放射性物品标志

腐蚀品标志

杂类标志

违规运输危险物品，货物发生自燃

2014年8月17日，驾驶员阙某驾驶一辆厢式货车在长沙卸完货后，为避免空驶返回，在长沙一家货运站运输33t保险粉到绍兴。当日15时从长沙出发，进入株洲上高速公路以后，一直下雨。8月18日早上，阙某在兰溪服务区休息，当时货车处于正常状态。8时30分，阙某驾驶厢式货车沿杭金衢高速公路往杭州方向，行驶至离义乌出口5km处，发现货车尾部冒黑烟，立即靠边停车检查。由于车厢无法打开，且车厢开始出现火苗，阙某立即报警，随后，救援人员赶到现场进行紧急处置。

案例中，驾驶员阙某违法运输危险物品是导致事故发生的主要原因，对这起事故负全部责任。保险粉遇少量水或暴露在潮湿的空气中会分解发热，引起冒烟甚至燃烧并放出有毒的二氧化硫和大量热能。

《道路危险货物运输管理规定》《道路运输从业人员管理规定》对违法道路危险货物运输经营行为有以下处罚规定：

（1）未取得道路危险货物运输许可，擅自从事道路危险货物运输的，或者非经营性道路危险货物运输单位从事道路危险货物运输经营的，由道路运输管理机构责令停止运输经营，有违法所得的，没收违法所得，处违法所得2倍以上10倍以下的罚款；没有违法所得或者违法所得不足2万元的，处3万元以上10万元以下的罚款；构成犯罪的，依法追究刑事责任。

（2）未取得道路危险货物运输从业资格证的驾驶员、装卸管理人员和押运人员从事道路危险货物运输活动的，由设区的市级人民政府交通运输主管部门处2万元以上10万元以下的罚款，构成犯罪的，依法追究刑事责任。

四 国际道路货物运输

从事国际道路运输的企业和驾驶员必须满足相应的条件，获得经营许可。从事国际道路货物运输时，应随车携带国际汽车运输行车许可证、国际道路运输国籍识别标志、国际道路货物运单等单证与标志，在运输车辆通过边境时，口岸国际道路运输管理机构会依法进行查验。车辆进入对方国家境内后，应当按照规定的线路运行。

从事国际道路运输的车辆应当标明本国的国际道路运输国籍识别标志，我国国际道路运输国籍识别标志为“CHN”。

从事国际道路货物运输的车辆，应当使用由省级国际道路运输管理机构或其委托的口岸国际道路运输管理机构发放的国际道路货物运单，并由承托双方填写并签字盖章，一车一单，在规定期限内往返一次有效。

五 道路货物运输商务知识

1 客户托运需求与服务技巧

为做好道路货物运输服务，驾驶员首先应当了解客户的托运需求，开展有针对性的服务。货物托运需求和服务注意事项见表9–2。

货物托运需求和服务技巧　　表9–2

需求类型	服务技巧
安全性	（1）检查货物包装是否满足安全运输要求； （2）对货物装卸过程进行监督，并检查货物固定是否牢固； （3）运输途中对货物进行必要的安全检查； （4）车辆运行过程中采取安全驾驶的方法
便捷性	（1）增加货源组织站点或者尽可能采取上门服务； （2）减少托运和交接过程不必要的手续
可靠性	（1）核对货物运单和货物品种、数量是否一致； （2）对运输途中温度、湿度等有特殊要求的，及时进行检查； （3）尽可能减少货物运输中转作业环节； （4）交付时，核对相关证件、单据和货物
经济性	（1）充分利用车辆装载容积和载质量； （2）根据实际情况采用先进的运输方式，如甩挂运输

2 货运业务洽谈

货运经营者在受理大宗货物或接受大客户的定期货物运输任务前，往往需要与客户进行业务洽谈。掌握一定的业务洽谈技巧，可以提高双方合作的成功率。在业务洽谈过程中，叙述与倾听是基础，提问与答复是主体，说服、拒绝和让步三者共同构成整个洽谈的框架。

在说服对方时，需要注意以下事项：

（1）耐心倾听，掌握对方真实诉求。通过对方的话语准确判断其对运输任务的具体要求，包括其对运输时间、运输安全、运输价格等的关注程度。

（2）先易后难，循序渐进。针对对方的诉求，权衡其实现的难易程度，再按“先易后难”的次序，先谈容易达成共识的问题，再商讨分歧较大的问题，从谈判开始就表达出合作的诚意，创造出友好的洽谈气氛。

（3）强调一致，激发认同。强调双方利益的一致性与互惠性，特别要强调有利于对方的各项条件，激发对方的积极性。

拒绝是业务洽谈中一项极难掌握且极其有用的语言技巧。在拒绝客户所提的要求或条件时，需要注意以下事项：

道路货物运输成本与价格指数

根据道路货物运输生产耗费的情况，货物运输成本包括固定性成本和随货运量、车辆使用情况变化的变动成本两部分。固定性成本包括车船使用税、车辆折旧费、车辆保险费、人员费等。变动成本包括燃油费、过路过桥费、车辆维护费等。

近年来，道路普通货物运力供给过剩，道路货物运输同质化、低水平竞争普遍存在，低价恶性竞争现象加剧，同时，运输成本要素普遍上涨，道路货物运输价格没有得到及时的调整，超限、超载现象屡禁不止，重特大道路安全事故时有发生。因此，交通运输管理部门组织对道路货物运输平均合理成本进行调查和测算，定期向社会公告道路货运市场供需状况、运价水平、平均利润率等信息（全国道路货物运输价格指数查询网址：http://wuliu.rioh.cn/yj/index.html），为运力进入与退出市场提供指导，为承托运双方进行议价提供依据，促进合理运输价格的形成。

（1）当准备拒绝对方所提的要求或条件时，先对对方加以适度的赞赏，摆出对对方的理解与尊重，然后，再就双方看法不一致的实质性内容进行阐述，避免对抗心理的产生。

（2）如果对方提出的要求超过了我方所能接受的限度，可以把对方的要求分解为若干个由于客观原因而无法解决的方面，通过对“个体”的拒绝达到对“全体”的拒绝。

（3）如果正面拒绝对方提出的意见和要求可能引起不必要的争论，可以采用幽默、说笑、答非所问等形式，向对方暗示拒绝。比如“您提出的这个运价让我方怎么好接受呢？如果真按这个运价执行，我方只能关门了。”

为了达成合作，洽谈双方应把握好争执的度，彼此作出适当的让步。在给对方作出让步时，需要注意以下事项：

（1）在不损害自身根本利益的前提下，尽可能满足客户的合理要求，表达合作的诚意。

（2）一方作出某一幅度的让步时，另一方也相应地作出同等幅度的让步，促成合作。

（3）让步应控制在合理范围内，且让步的幅度应遵循递减的方式，暗示对方，我方的让步是有限度的。

3 货物运输合同

货物运输合同是承托双方在平等自愿、等价有偿的基础上进行约定，由承运人将货物从起运地点运输到约定地点，托运人或者收货人支付票款或者运输费用的合同，是双方权益的一种法律保障，一般以书面形式为宜。书面形式合同分为定期运输合同、一次性运输合同和道路货物运单三种。

无车承运人知识

无车承运人，是以承运人身份与托运人签订运输合同，承担承运人的责任和义务，通过委托实际承运人完成运输任务的道路货运经营者。无车承运人一般不

从事具体的运输业务，只从事运输组织、货物分拨、运输方式和运输线路的选择等工作，但是对于货物的损失，无车承运人与实际承运人均负有赔偿责任。无车承运人利用互联网手段和组织模式创新，有效促进货运市场的资源集约整合和行业规范发展，对于促进物流货运行业的转型升级和提质增效具有重要意义。

定期运输合同适用于承运人、托运人、货运代办人之间商定时期内的批量货物运输；一次性运输合同适用于每次货物运输，货物运单既是办理道路货物运输及运输代理的最原始依据，又是划清承运人与托运人、收货人之间责任的重要依据。货物运单是承托双方为运输货物而签订的一种运输合同凭证，是货运经营者接受货物并在运输期间负责保管和据以交付的凭证，也是记录车辆运行和作业统计的原始凭证。

道路货物运输合同主要内容

与托运人签订合同时，应当列明以下事项：（1）货物名称、质量、数量、体积；（2）货物包装；（3）托运人、收货人、承运人名称及其详细地址、邮政编码、电话号码；（4）装货地点、卸载地点；（5）运输日期；（6）运输费用和费用结算方式；（7）货物价值，是否保价、买保险；（8）运输要求和特约事项；（9）责任划分。

承运人未遵守承托双方商定的运输条件或特约事项，造成托运人损失的，承运人应负赔偿责任。由于承运人的责任，未按约定的或规定的运输期限将货物运达，承运人应负违约责任；因承运人责任将货物错送或错交，承运人应将货物无偿运到指定的地点，交给指定的收货人。

因托运人错报、匿报货物的重量、规格、性质，造成承运人损失以及因此而引起的第三方损失，托运人应当承担损害赔偿责任。托运人不如实填写运单，错报、误填货物名称或装卸地点，造成承运人错送、装货落空以及由此引起的其他损失，托运人应负赔偿责任。

两个以上承运人以同一运输方式联运的，与托运人订立合同的承运人应当对全程运输承担责任。损失发生在某一运输区段的，与托运人订立合同的承运人和该区段的承运人承担连带责任。

货运代理以承运人身份签署运单时，应承担承运人责任，以托运人身份托运货物时，应承担托运人的责任。

4 货物运输调度

由于货源较为分散，不同时期的运货量具有不稳定性，且货物流向的机动性很大，会出现运力和运量的不平衡现象。道路货物运输调度是道路货物运输企业根据货流的基本规律和变化，科学调配车辆和驾驶员，把复杂多变的运行过程组织成协调而有秩序的运营服务，使运力与运量形成平衡，保证货运工作有计划、有节奏地进行，最大限度地提高运输效率，增加经济效益。

在道路货物运输调度作业中，应注意以下几方面的问题：

（1）及时收集和掌握国家或地方有关道路货物运输的政策、法规和规范性文件，保证道路货物运输作业符合相关规定。

（2）及时、准确地收集和掌握货流动态资料以及装卸现场条件、道路条件、气象条件等车辆运行条件的变化情况，编制和调整车辆运行作业计划，并加强对车辆和驾驶员的现场组织、指挥、监督和检查，保证车辆运行作业计划的落实。

（3）掌握线路及车辆执行生产任务安排情况，督促车辆定期维护修理工作的安排，掌握车辆技术性能和车辆完好情况，合理配载，按规定签发路单。

（4）掌握驾驶员执行生产任务安排情况，合理安排驾驶员的工作任务和劳动时间。遇有特殊天气和特殊情况，应及时采取调度措施并对驾驶员进行安全叮嘱。

（5）应用科学调度方法和技术手段，做好相关资料的统计分析。

5 货运事故处理

货运事故是指货物运输过程中发生货物毁损或灭失。货运事故和违约行为发生后，承托双方及有关方应编制货运事故记录。货物运输途中，发生交通肇事造成货物损坏或灭失，承运人应先行向托运人赔偿，再由其向肇事的责任方追偿。

货运事故发生后，承运人应及时通知收货人或托运人。收货人、托运人知道发生货运事故后，应在约定的时间内，与承运人签注货运事故记录。收货人、托运人在约定的时间内不与承运人签注货运事故记录的，或者无法找到收货人、托运人的，承运人可邀请2名以上无利害关系的人签注货运事故记录。

当事人要求另一方当事人赔偿时，应提出赔偿要求书，并附运单、货运事故记录和货物价格证明等文件。要求退还运费的，还应附运杂费收据。

货物的毁损、灭失的赔偿额，当事人有约定的，按照其约定；没有约定或者约定不明确的，可以在合同生效后及时签订补充协议；不能达成补充协议的，按照交付或者应当交付时货物到达地的市场价格计算。法律、行政法规对赔偿额的计算方法和赔偿限额另有规定的，依照其规定执行。

防止货物损失的方法

货物运输途中，货物、车辆燃油和轮胎等被盗事件时有发生，面对这种非正常损失，驾驶员痛心不已。行车途中，驾驶员除注意行车安全外，还要采取一些防范货物被盗的安全措施：

（1）厢式货车装货后，要锁好车门，贴好铅封；敞式货车装货后，要对货物进行捆绑、固定，并用篷布、绳索进行必要的整车捆绑。

（2）行车中，遇道路拥堵或者爬坡速度较慢时，要注意观察车辆后侧的情况，尤其注意无故紧跟的车辆，发现绳索断裂、货物遗撒等异常情况时，及时停车检查。

（3）货车驶入港湾、服务区休息时，尽量停放在安装有监控设备的区域，锁好车门，检查货物捆绑、固定情况，安排人员轮流看守。

（4）夜间选择正规、安装有监控设备的停车场停放车辆。停放车辆时，车辆燃油箱靠墙。

（5）与其他货运驾驶员进行交流，了解易发生货物被盗事件的路段，提前做好路线规划和防范措施。

第二节 道路货物运输环节与安全

一般来说，道路货物运输基本环节包括运输合同的订立、货物托运、货物受理、货物搬运装卸、货物运送、货物交接、运输结算等。本节中，驾驶员通过学习道路货物运输的基本环节与安全要求等知识，能够熟知货物受理、装载、运送、保管、交接等与驾驶员的日常工作紧密相关的环节的运输安全要求。

一 货物受理与检查

货物受理是道路货物运输业务的初始环节，也是防范夹带、瞒报违禁物品和危险物品，确保道路货物运输安全的重要关口。

在受理零担货物托运时，承运人要遵守以下操作规范：

（1）依法与托运人签订运输合同，认真核对并登记托运单位、托运人及托运货物的品名、数量等真实信息。

（2）按照零担货物受理安全检查制度要求对货物进行抽检抽查，确保托运货物品名、数量等信息与运单填写信息一致，防止托运人在普通货物中夹带违禁物品，防止托运人瞒报危险物品。

（3）对于重点时段、运往重点区域和特殊场所的货物应进行开箱（包）验视，检查中发现违禁物品、可疑物品或瞒报危险物品的，应及时报告公安机关或相关管理部门。

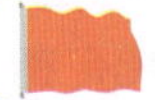
典型

快递员开箱验货，截毒获奖励

2016年3月23日中午，几名男子来到广州白云区某快递公司，声称有一批货物要托运到境外。寄件人将纸箱包装的货物卸到仓库后，填写了发货单和寄件人身份信息。接单的快递员根据相关规定，坚持要对货物当面开箱检查时，寄件男子神情突然变得不自然，随后借故离开。快递员认为这件事情十分可疑，立即报警。民警赶到现场后，对可疑男子准备寄出的全部货物进行开箱检查，并对封装的白色晶体物进行检验，发现该批白色晶体为毒品冰毒。快递员因有较强的责任意识，发现可疑情况及时报警，使得该批毒品被成功拦截，获得了10万元现金奖励。

（4）检查货物包装是否良好，包装轻度破损，托运人坚持装箱起运的，需经承运人同意并做好记录，双方签字盖章后，方可承运，由此而产生的损失由托运人负责。

货物包装知识

货物包装储运标志又称货物运输包装标志，根据内装货物易碎、怕晒、怕雨淋等性质，及其对装卸、储运和保管等流通环节的安全操作要求，按照《包装储运图示标志》（GB/T 191）规定的17类标志图形、文字（表9-3），由生产单位在货物出厂前于货物外包装明显的部位标印，提醒操作人员引起注意并规范操作。

包装储运图示及操作要求　　表9-3

序号	标志名称	标志图形	操作要求	序号	标志名称	标志图形	操作要求
1	易碎物品标志	易碎物品	运输包装件内装易碎物品，搬运时应小心轻放	10	禁用叉车标志	禁用叉车	不能用升降叉车搬运的运输包装件
2	禁用手钩标志	禁用手钩	搬运运输包装件时禁用手钩	11	由此夹起标志	由此夹起	装运货物时可用夹持的面
3	向上标志	向　上	运输包装件在运输时应竖直向上	12	此处不能卡夹标志	此处不能卡夹	装卸货物时此处不能用夹持的面
4	怕晒标志	怕　晒	运输包装件不能直接照晒	13	堆码质量极限标志	堆码质量极限	该运输包装件所能承受的最大质量极限
5	怕辐射标志	怕辐射	该物品一旦受辐射会变质或损坏	14	堆码层数极限标志	堆码层数极限	相同运输包装件的最大堆码层数（含该包装件），n表示层数极限
6	怕雨标志	怕　雨	运输包装件怕雨淋	15	禁止堆码标志	禁止堆码	该运输包装件只能单层放置
7	重心标志	重　心	运输包装件的重心位置，便于起吊	16	由此吊起标志	由此吊起	起吊货物时挂绳索的位置
8	禁止翻滚标志	禁止翻滚	搬运时不能翻滚该运输包装件	17	温度极限标志	温度极限	该运输包装件应该保持的温度范围
9	此面禁用手推车标志	此面禁用手推车	搬运货物时此面禁止放在手推车上				

受理整批或者拼箱货物时，承运人要遵守以下操作规范：

（1）核对实际货物与运单记载的货物名称、性质、数量、质量、体积、包装方式等是否相符，发现与运单填写不符的，不予办理交接手续。

（2）检查货物包装是否良好，包装破损可能危及运输安全的，不予办理交接手续。

（3）根据有关规定对可疑货物进行开箱（包）检查，确保托运的货物与运单填写的货物一致，防止托运人将禁运物品、违禁物品、危险物品和限运、凭证运输货物谎报或者匿报为普通货物。

小知识

限运、凭证和禁止运输货物知识

限运、凭证运输的货物是指根据国家有关法律、法规的规定，必须向有关部门办理准运手续后方可运输的货物，如枪支、烟草、麻醉药品、剧毒化学品、木材、野生动植物、致病微生物、血液制品、核材料、食盐等。在受理法律、法规规定限运、凭证运输的货物时，应当查验有关运输手续是否齐全、有效，如品名、数量是否一致，是否在有效期内，是否有指定线路等。

禁止运输的货物一般是非法生产的违禁物品，如毒品、伪劣药品以及伪造、变造、非法印刷的人民币。货运经营者不得运输法律、行政法规禁止运输的货物。法律、行政法规规定必须办理有关手续后方可运输的货物，货运经营者应当查验并确认有关手续齐全有效。

承运人受理凭证运输或需有关审批、检验证明文件的货物后，应当在有关文件上注明已托运货物的数量、运输日期，加盖承运章，并随货同行，以备查验。

承运人运输整箱货物前，应核对箱号，检查箱体和封志，发现箱体损坏或铅封脱落，需经交接人及封志监管单位签认或重新施封后，方可起运。

小知识

未按规定落实反恐怖措施的处罚规定

根据《反恐怖主义法》第八十五条的规定，公路货运物流运营单位有下列情形之一的，由主管部门处10万元以上50万元以下罚款，并对其直接负责的主管人员和其他直接责任人员处10万元以下罚款：

（1）未实行安全查验制度，对客户身份进行查验，或者未依照规定对运输、寄递物品进行安全检查或者开封验视的；

（2）对禁止运输、寄递，存在重大安全隐患，或者客户拒绝安全查验的物品予以运输、寄递的；

（3）未实行运输、寄递客户身份、物品信息登记制度的。

二 货物装载原则

为了保障道路货物运输安全、高效，货物装载应遵循以下原则：

（1）选择合适的运输车辆。运输车辆的种类较多，有厢式货车、集装箱车、平板

货车、仓栅式货车、罐式货车等，车辆的选择应满足安全、高效的要求，适合所运货物的种类、特性、外形尺寸、货运量以及运输距离等。

对于原木、木板、钢筋等长条状货物，所选择的运输车辆应有足够的长度，防止因货物超出货厢而影响货物转弯时的安全性。

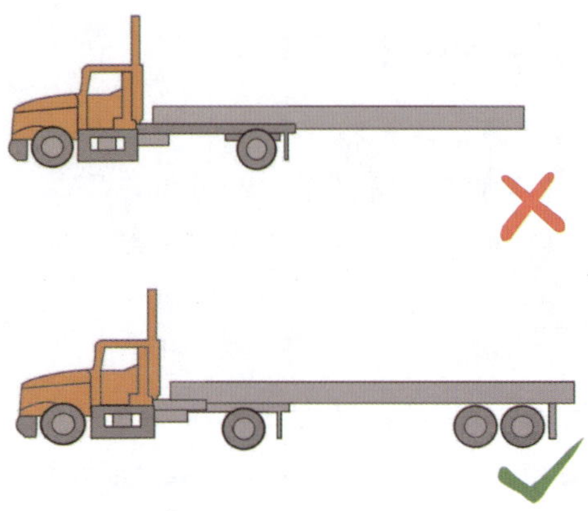

对于流体货物和松散货物，所选择的运输车辆应装备能够完全容纳货物的货厢，货厢的结构和设计应尽可能减少货物在货厢内的移动，以降低由此带来的对车辆行驶稳定性的影响。

松散货物的运输车辆车厢顶部应具备密封装置，或者使用防水篷布将货物覆盖，以避免货物遗撒或淋雨。流体货物运输车辆的罐体内部应尽可能设置隔板，防止流体货物未全部充满罐体时，部分流体在罐体内流动对车辆造成的冲击。

（2）货物装载顺序应遵循“后到先装，先到后装”的原则，尽可能将最后送达的客户的货物放置于紧靠货箱最前端的位置，第一位送达的客户的货物则紧靠后挡板放置。

（3）正确布置货物。驾驶员要确保在载货汽车核定的载质量限额内配载货物，严禁超载。同时，还要注意车辆轴载质量应符合要求。

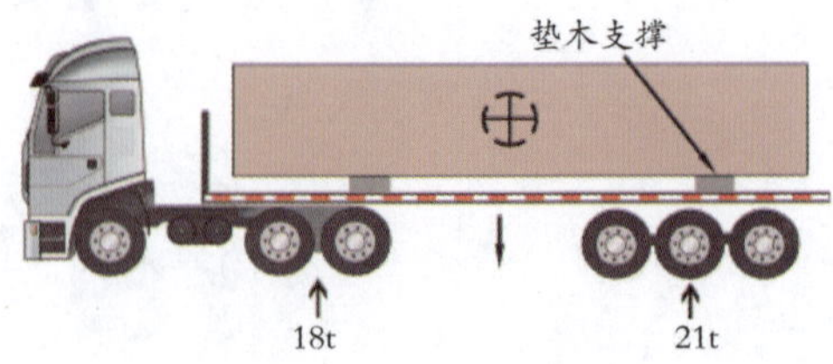

配载时，装载人员要注意使货载质量尽可能均匀地分布于载货平面，沿车辆纵向中心线均衡顺装，较重的物件尽量放置于货载平面的中部。车辆重心高度对安全行车来说非常重要，车辆重心越高意味着稳定性、安全性越低，特别是在转弯或者为躲避危险情况而急转向时容易翻车。因此，装载货物时，应尽量使车辆的重心位置降低。

（4）根据货物特性、车辆货厢结构与加固点选择填充、货物加固装置，并对货物施加适当的约束。对西瓜、蔬菜等散装货物之间的空隙可以使用稻草、纤维等填充物，防止碰撞、移动。对起脊装运的成件包装货物或袋装货物采用绳网加固，对大型货物采用阻挡和拴紧带等装置加固，并根据相关标准的规定对货物施加合适的约束力，防止货物窜动、倒塌和坠落。

三 常见货物加固方法

对货物进行加固前，应首先选择货物加固的方法。常用货物加固方法有摩擦拴紧加固、直接拴紧加固、阻挡加固、将货物容纳在车体结构中等类型。

1 摩擦拴紧加固

摩擦拴紧加固是通过增大货物与承载面之间的摩擦力，并在货物重力方向上增加一个垂直向下的力，从而实现货物固定的方法。

对于耐压且不会压缩变形的单件货物或者堆码整齐且无空隙的货物，可利用栓紧带、绳等栓紧装置对货物采用横向或纵向下压捆绑加固的方法，通过施加额外的下压力来增大接触表面的摩擦力，从而对货物起到固定作用。

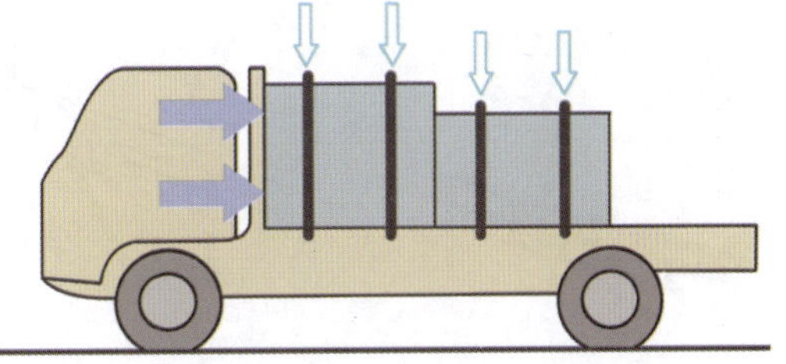

捆绑货物时，捆绑的角度影响作用力的大小，捆绑角度越大，货物受到的作用力也会越大。国外研究表明，捆绑角度不宜小于30°，捆绑角度90°时的作用力最大（表9-4），但同时要注意防范货物侧翻的风险。

货物捆绑角度及其固定效果　表9-4

图　例	捆绑角度（°）	固定效果（%）
	90	100
	60	85
	45	70
	30	50
	15	25

为了增加摩擦力，可在货厢底板与货物的接触面之间放置橡胶垫、木垫等防滑材料，增强防滑效果。

为了避免拴紧带（绳）和货物因捆绑作用力而出现异常磨损，在拴紧带（绳）与货物、车辆棱角接触处可采取必要的防磨措施。

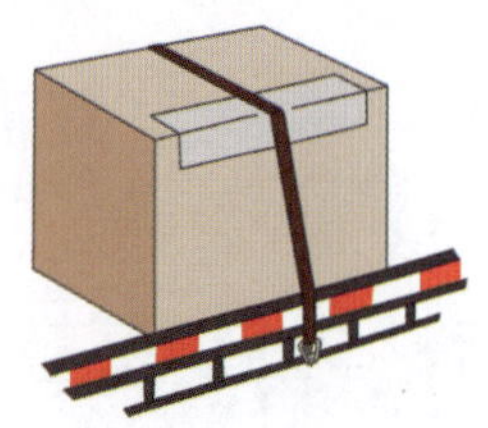

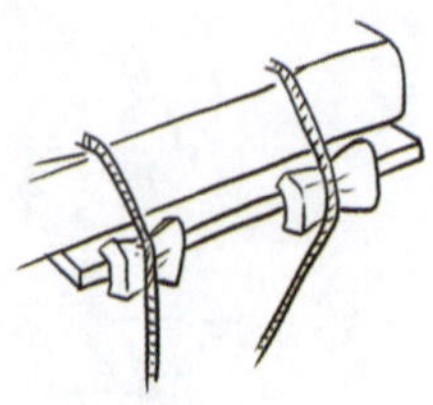

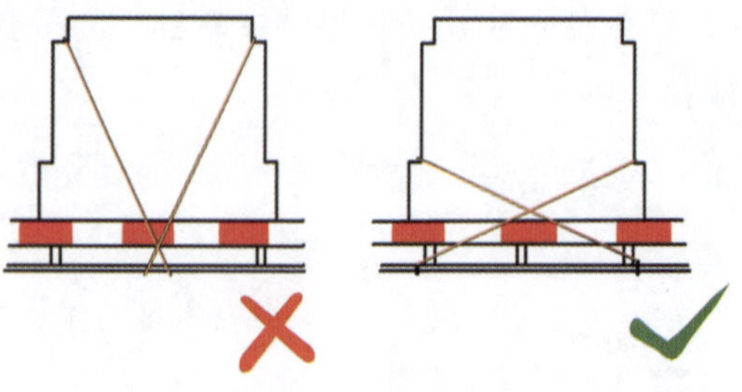

对于排水管等较长的柱状物，由于货物没有连接点，至少使用两对绳索环形拴紧固定货物，且沿货物的纵向使用阻挡装置。

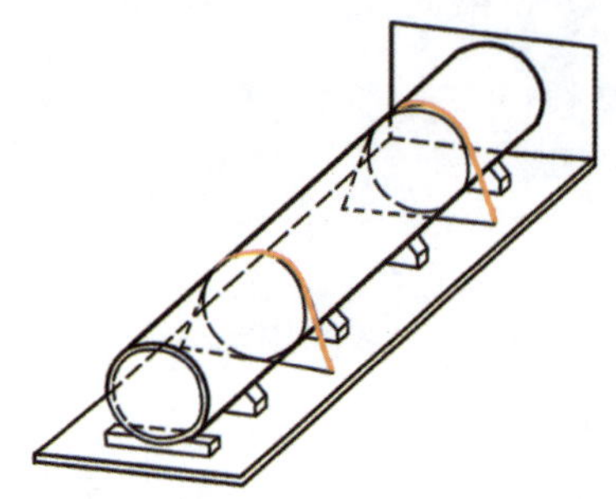

对于气瓶、油桶等圆柱形货物，宜将货物成组捆绑，并将货物贴近货厢前部直立摆放，同时在侧面将货物固定牢靠。

在运输原木、钢板等长条、成垛堆码货物时，可使用钢丝绳或其他专用捆绑固定器材，对每垛起脊部分作整体捆绑固定。

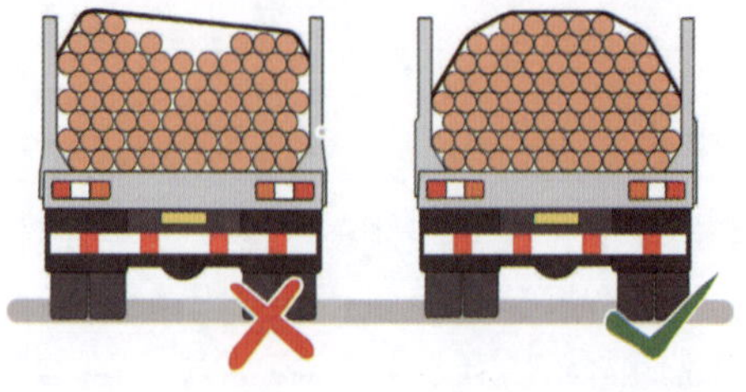

当成件包装货物的装载宽度超出货车端侧板时，应层层压缝，梯形码放，四周货

2 直接拴紧加固

直接拴紧加固是采用拴紧带、绳等拴紧装置直接将货物与运输车辆的加固结构或专用拴紧点连接，从而实现加固的方法，包括平行斜拉拴紧、交叉斜拉拴紧、环形拴紧和弹性拴紧等方式。

平行斜拉拴紧是指相对货物装载方向对称平行使用具有相同垂直角度的两条同样的绳索固定货物，如采用“八”字形或倒“八”字形平行斜拉拴紧方式。在捆绑时，要注意选取合适的栓固位置。

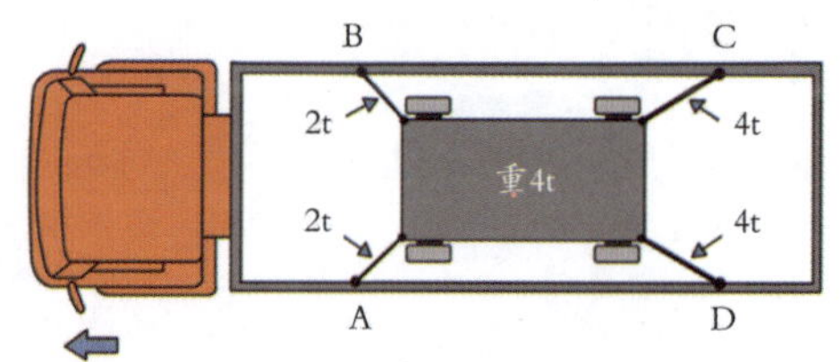

“八”字形平行斜拉拴紧加固

对于不稳定货物，可采用在货物某一方向上进行阻挡以及交叉斜拉拴紧的方法共同固定货物，如采用“叉”字形、反“叉”字形交叉斜拉拴紧方式，并合理使用阻挡装置。

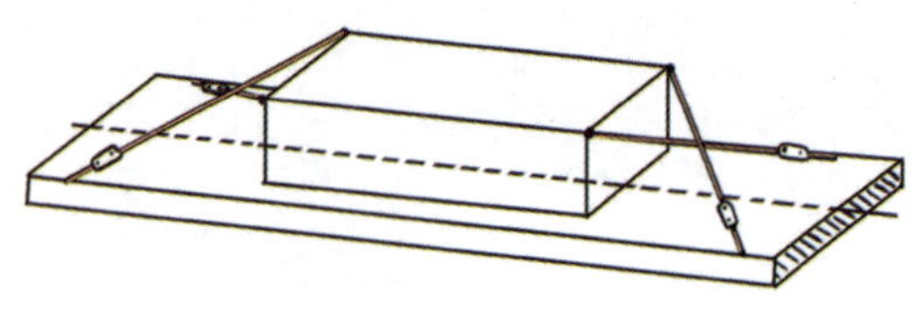

“叉”字形交叉斜拉拴紧加固

采用交叉斜拉拴紧方式时，要注意选取合适的货物栓固位置和车辆上的拴紧点位置，避免出现集中受力。

物倾向中间，两侧超出侧板的宽度应一致，并采用端部交叉捆绑方法，也可采用端部双交叉捆绑方法。由于货物没有连接点，可通过连接到货物顶边的索套对货物固定。捆绑时，禁止使用绳索仅绕过货物侧面和端面，而不绕过货物顶面的捆绑。货物起脊部分应使用上封式绳网等进行加固。

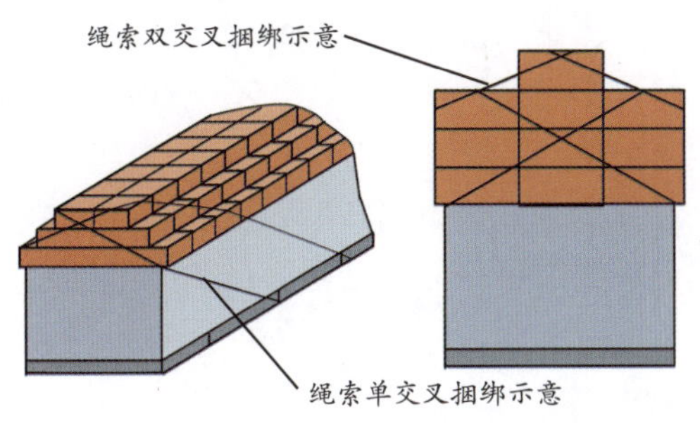

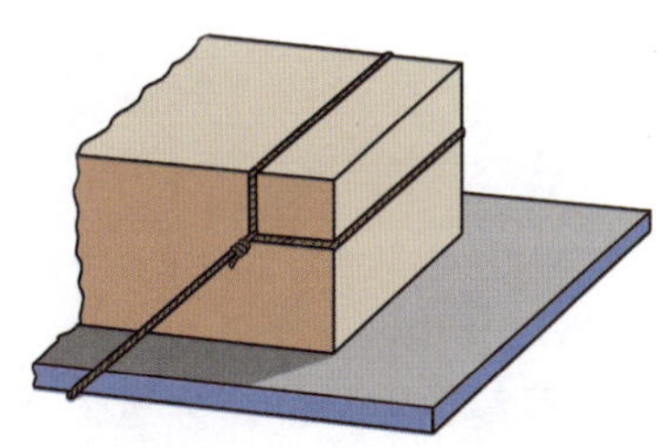

为了保证捆绑的牢固性，系固点应有足够的强度，且栓固时，应保证栓固位置不会变形。

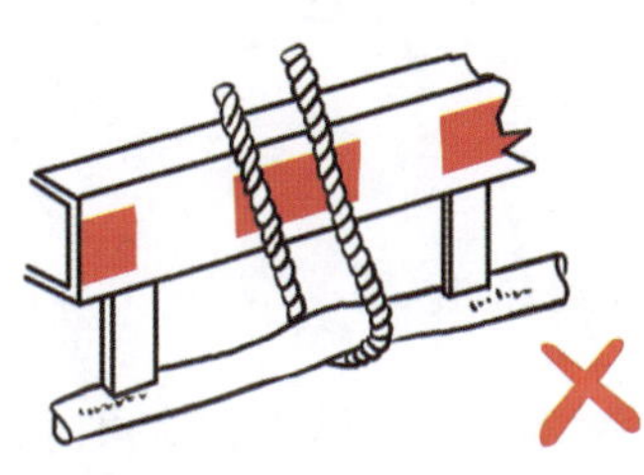

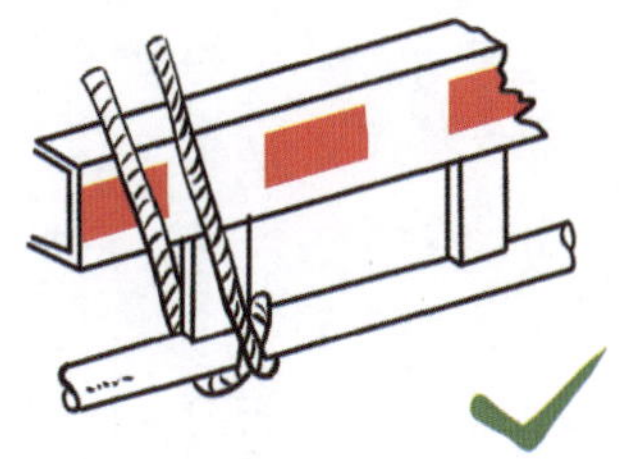

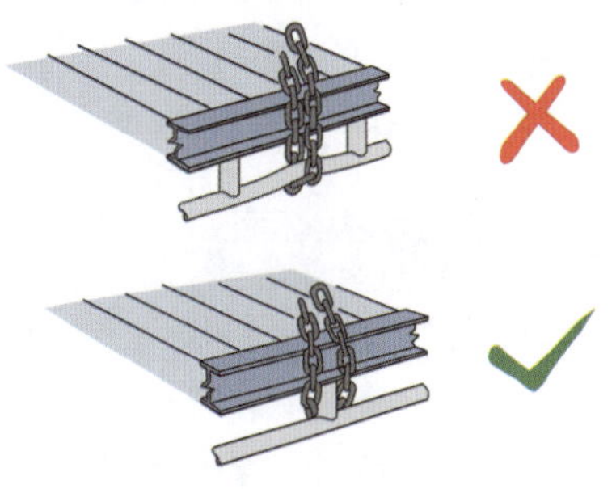

3 阻挡加固

阻挡加固是在货物的纵向或横向方向上，对货物设置限制货物发生位移或姿态改变且具有足够强度的阻挡装置，从而实现货物加固的方法。

对超出货车端侧板高度的成件包装货物，可用挡板（壁）、支柱等加固。布置在货厢中部的货物，应在其周边使用挡板等进行加固。

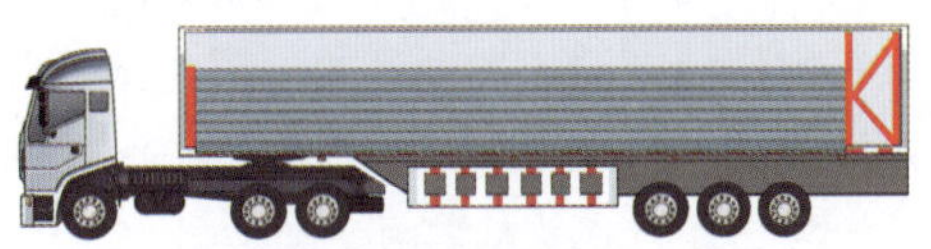

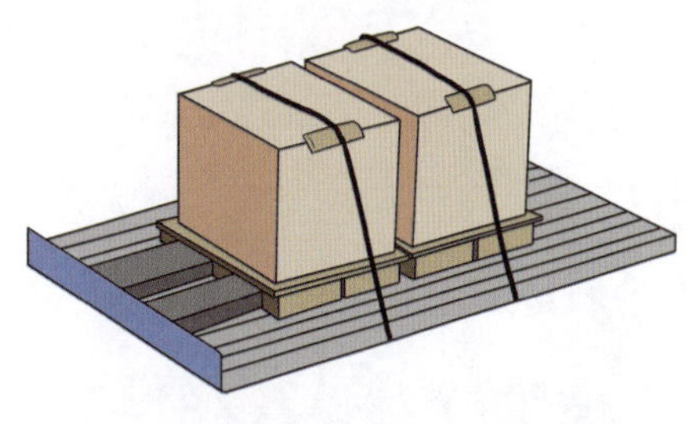

装运圆柱形货物时，可选用适当规格和材质的凹木、三角挡、座架等材料和装置，并采取腰箍下压、拉牵等加固方式。

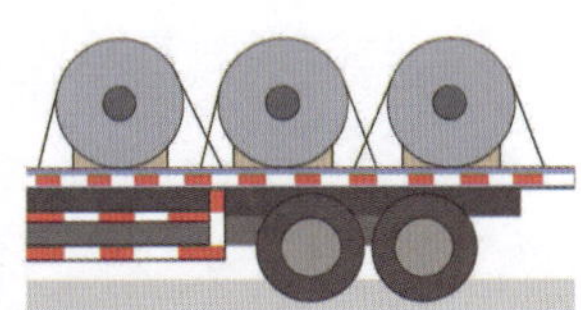

装运球形货物时，应选用适当规格、具有足够强度、能保证货物稳定的座架，确保货物底部不与车底板接触。对无拴结点、加固较为困难的球形货物，可采用在球体上部加装套

圈，套圈四周引出系固点，与车体进行加固。

超限、超长货物装车后，应用白色或红色油漆标划易于判定货物是否移动的检查线。

4 将货物容纳在车体结构中

将货物容纳在车体结构中是指将货物容纳在或包含于运输车辆特殊的承载装置中，从而实现货物加固的方法。如将液体货物容纳在罐式运输车的液灌中，将货物充满箱式运输车的箱体中等。

四 特种货物运输安全

1 鲜活易腐货物

易腐货物原则上采用专车专运，禁止与其他货物混装。不同热状态的易腐货物不得按一批托运。按一批托运的整车易腐货物，一般限运同一品名。但不同品名的易腐货物，如在冷藏车内保持或要求的温度的上限（或下限）差别不超过3℃时，允许拼装在同一冷藏车内按一批托运，托运人应在货物运单上标明。

装载易腐货物时，冷冻货物应采取紧密堆码而不留空隙，以减少货物与外界的热量传递，保持冷冻效果，但某些易碎的冷冻货物（如鱼、虾），应防止过分紧压，以免损伤货物，影响质量。卸完易腐货物后，应将车辆清扫干净。

承运人应在易腐货物装车前（加冰运输的在加冰前）检查冷藏车的冰箱、排水座、排水管、排水碗、车门及车内设备是否齐全良好，车内是否清洁卫生。不能保证货物品质的车辆，严禁使用。

托运人托运易腐货物，应在货物运单上填记货物的名称，并注明其品类序号、热状态及冷藏温度，同时注明易腐货物容许运送的期限。

用冷藏车运输易腐货物时，在装车前必须预冷车辆，车内温度降低后，才能装车。

2 大型物件运输

2016年8月，交通运输部修订了《超限运输车辆行驶公路管理规定》，自2016年9月21日起施行。

1 道路超限运输车辆通行相关规定

载运不可解体物品的超限运输托运人应当委托具有大型物件运输经营资质的道路运输经营者承运。大件运输车辆行驶公路前，承运人应当按规定向公路管理机构申请公路超限运输许可。大件运输车辆未经许可，不得擅自行驶公路。

案例

超载货车压垮大桥，承担巨额经济赔偿

2011 年 7 月 19 日零时，驾驶员张某驾驶一辆重型半挂牵引车，自怀柔区某沙场装运 145.5t 砂石（核载 31.5t）后，运送至某修路工地。张某无视路侧的限重标志，驾车由南向北经过宝山寺白河大桥第一跨时，白河桥第一孔桥梁垮塌，并瞬间呈“W”波浪形整体坍塌，部分桥体折断。经事故鉴定，重型半挂牵引车装运 145.5t 砂石，超载 110 余 t，也严重超过白河桥 30t 的承载能力，因此，车辆严重超载是导致桥梁垮塌的直接原因。

人民法院一审判决，以交通肇事罪判处张某有期徒刑 4 年，并判令张某与肇

事车辆所有人曹某父子，赔偿桥梁毁损造成的经济损失 1556 万余元。张某家中除妻子外，还有老母亲和 2 个未成年的孩子，张某驾车的收入是家中唯一的经济来源，张某违法超载运输导致桥梁垮塌，所造成的 1500 余万元的连带经济赔偿，是这个经济拮据的家庭根本无法承受的。

公路管理机构批准公路超限运输申请的，根据大件运输的具体情况，指定行驶公路的时间、路线和速度，并颁发《超限运输车辆通行证》。

经批准进行大件运输的车辆，行驶公路时应当随车携带有效的《超限运输车辆通行证》，遵守下列规定：

（1）采取有效措施固定货物，按照有关要求在车辆上悬挂明显标志，保证运输安全；

（2）按照指定的时间、路线和速度行驶；

（3）车货总质量超限的车辆通行公路桥梁，应当匀速居中行驶，避免在桥上制动、变速或者停驶；

（4）需要在公路上临时停车的，除遵守有关道路交通安全规定外，还应当在车辆周边设置警告标志，并采取相应的安全防范措施；需要较长时间停车或者遇有恶劣天气的，应当驶离公路，就近选择安全区域停靠；

（5）通行采取加固、改造措施的公路设施，承运人应当提前通知该公路设施的养护管理单位，由其加强现场管理和指导；

（6）因自然灾害或者其他不可预见因素而出现公路通行状况异常致使大件运输车辆无法继续行驶的，承运人应当服从现场管理并及时告知作出行政许可决定的公路管理机构，由其协调当地公路管理机构采取相关措施后继续行驶。

在公路上行驶的车辆，其车货总体的外廓尺寸或者总质量未超过限定标准，但超过相关公路、公路桥梁、公路隧道限载、限高、限宽、限长标准的，不得在该公路、公路桥梁或者公路隧道行驶。

限制宽度

限制高度

限制质量

限制轴重

道路运输企业是防止违法超限运输的责任主体，应当按照有关规定加强对车辆装载及运行全过程的监控，防止驾驶员违法超限运输。货运车辆驾驶员不得驾驶违法超限运输车辆。任何单位和个人不得指使、强令货运车辆驾驶员违法超限运输。

2 超限检测相关规定

公路管理机构可以采取固定站点检测、流动检测、技术监控等方式对货运车辆进行超限检测。经检测认定违法超限运输的，公路管理机构就近引导至公路超限检测站或者县级以上地方交通运输主管部门指定并公布

的执法站所、停车场、卸载场等具有停放车辆及卸载条件的地点进行处理，责令当事人自行采取卸载等措施，消除违法状态；当事人自行消除违法状态确有困难的，可以委托第三人或者公路管理机构协助消除违法状态。属于载运不可解体物品，在接受调查处理完毕后，需要继续行驶公路的，应当依法申请公路超限运输许可。

公路管理机构对车辆进行超限检测，不得收取检测费用；对依法扣留或者停放接受调查处理的超限运输车辆，不得收取停车保管费用；由公路管理机构协助卸载、分装或者保管卸载货物的，超过保管期限经通知当事人仍不领取的，可以按照有关规定予以处理。

3 法律责任

违反规定在公路上行驶的车辆，车货总体的外廓尺寸、轴荷或者总质量超过公路、公路桥梁、公路隧道、汽车渡船限定标准的，由公路管理机构责令改正，处3万元以下的罚款。指使、强令车辆驾驶员超限运输货物的，由道路运输管理机构责令改正，处3万元以下罚款。承运人隐瞒有关情况或者提供虚假材料申请公路超限运输许可的，除依法给予处理外，并在1年内不准申请公路超限运输许可。

经批准进行超限运输的车辆，未按照指定时间、路线和速度行驶的，由公路管理机构或者公安机关交通管理部门责令改正；拒不改正的，公路管理机构或者公安机关交通管理部门可以扣留车辆。

未随车携带超限运输车辆通行证的，由公路管理机构扣留车辆，责令驾驶员提供超限运输车辆通行证或者相应的证明。租借、转让超限运输车辆通行证的，由公路管理机构没收超限运输车辆通行证，处1000元以上5000元以下的罚款。使用伪造、变造的超限运输车辆通行证的，由公路管理机构没收伪造、变造的超限运输车辆通行证，处3万元以下的罚款。

有下列行为之一的，由公路管理机构强制拖离或者扣留车辆，处3万元以下的罚款：

（1）采取故意堵塞固定超限检测站点通行车道、强行通过固定超限检测站点等方式扰乱超限检测秩序的；

（2）采取短途驳载等方式逃避超限检测的。

造成公路、公路附属设施损坏的单位和个人应当立即报告公路管理机构，接受公路管理机构的现场调查处理；危及交通安全的，还应当设置警示标志或者采取其他安全防护措施，并迅速报告公安机关交通管理部门。造成公路、公路附属设施损坏，拒不接受公路管理机构现场调查处理的，公路管理机构可以扣留车辆、工具。

对1年内违法超限运输超过3次的货运车辆，由道路运输管理机构吊销其车辆营运证；对1年内违法超限运输超过3次的货运驾驶员，由道路运输管理机构责令其停止从事经营性道路运输；道路运输企业1年内违法超限运输的货运车辆超过本单位货运车辆总数10%的，由道路运输管理机构责令道路运输企业停业整顿；情节严重的，吊销其道路运输经营许可证，并向社会公告。

相关单位和个人拒绝、阻碍公路管理机构、道路运输管理机构工作人员依法执行职务，构成违反治安管理行为的，由公安机关依法给予治安管理处罚；构成犯罪的，依法追究刑事责任。

五 货物安全保管

承运期间，承运人应对受理承运的货物负责保管，按照托运人提供的货物性质、状况及保管要求进行分类存放，并根据货物的特性采取相应的防护措施，防止货物在责任期限内出现变质、腐烂、短少和丢失等损失。

堆码货物时，应遵循“双排堆码、条码在外，重不压轻、木不压纸”的原则，按照货物外包装储运图示标志的要求操作，如货

物包装有箭头标志的，应箭头向上，而不应倒置、倾斜摆放。

六 货物交接

货物运达承、托双方约定的地点后，承运人应及时通知收货人提收货物。收货人无故拒提收货物的，应赔偿承运人因此造成的损失。

货物交接时，收货人应凭有效单证提（收）货物，承运人与收货人共同做好清点工作，包装货物采取件交件收，集装箱重箱及其他施封的货物凭封标志交接，散装货物原则上要磅交磅收或采用承托双方协商的交接方式交接。交接后，交接后双方应在有关单证上签字。

货物交接时，承、托双方对货物的质量和内容有质疑的，均可提出复磅与查验，复磅和查验的费用由责任方负担。发现货损、货差，由承运人与收货人共同编制货运事故记录，交接双方在货运事故记录上要签字确认。

第十章 道路运输节能减排知识

随着汽车保有量的持续增加，能源消耗、汽车尾气排放和噪声污染等给城市环境和人民生活带来了危害，不仅影响了人们的生活，而且还严重危及人们的身心健康。驾驶员树立节能与环保意识，提高节能与环保驾驶技能水平，是社会实现可持续发展的重要保障，也是其社会责任。本章介绍了道路运输车辆燃料消耗的影响因素与节能方法、节能与环保驾驶方法、汽车节能新技术使用常识。

第一节 汽车燃料消耗量影响因素与节能方法

本节中，驾驶员可学习了解到道路运输车辆燃料消耗的影响因素、道路运输车辆节能方法途径。

一 车型特征带来的影响与车型选择方法

1 车型特征带来的影响

行车中，汽车会受到行驶阻力的影响。车型不同，汽车受到的行驶阻力会有很大的差异，产生不同的燃料消耗效果：

（1）汽车自重和载质量。汽车自重和载质量越大，惯性越大，需要消耗更多的燃料来维持运行。此外，针对长途运输、城市物流配送等不同运输业务的特点，提高实载率，可以改善燃油经济性。比如，长途运输选用大吨位重型货车，虽然其单车百公里油耗高，但其吨公里油耗相对要低。

（2）汽车外观。在同一速度条件下，不同车身形状的车辆所受到的空气阻力不同。车辆迎风面积越大，空气阻力越大。模拟研究结果表明，以某敞式货车未采取任何措施时所受的空气阻力为100%计算，当用篷布将车厢货物盖严实后，空气阻力能减少27%；当选用厢式或集装箱替代敞式车厢后，空气阻力能减少40%；在厢式或集装箱货车上安装整流罩后，空气阻力能减少57%。

（3）汽车节能技术与新能源车辆。选择使用了车身轻量化技术、降低空气阻力技术、节能型发动机等节能技术的车辆，可以

有效降低燃料消耗。压缩天然气（CNG）汽车、液化天然气（LNG）汽车、电动汽车等清洁车辆与新能源车辆的使用，不仅可以节约能源，还能有效减少有害气体排放。

2 车型选择方法

在新车选型或更新车辆时，应根据货物类型、运量、运距、道路条件及汽车燃料供应情况等条件，综合考虑安全性、动力性、装载容量、可靠性与维修性等因素，合理选配车辆：

（1）在汽车动力性能相近的情况下，宜选择使用铝合金、碳纤维材料等车身轻量化技术、自重轻的车辆。

（2）从事高速公路、干线公路货物运输业务，宜选用大吨位重型货运车辆和汽车列车；从事短途货物运输和市内物流配送业务，宜选用中小型货运汽车。

（3）从事高速公路、干线公路运输业务，宜选用车身流线型好的客车，选用装备有驾驶室顶导流板、车顶整流罩、底盘裙边、驾驶室延伸等附属装置的货车。

（4）选择装备有发动机热管理系统、涡轮增压技术、高压共轨技术、发动机负载智能驱动技术等节能技术的汽车。

（5）如车辆行经区域具备燃气供应、充电条件，可选用压缩天然气（CNG）汽车、液化天然气（LNG）汽车、电动汽车等清洁燃料车辆和新能源车辆。

小知识

道路运输车辆燃料消耗量达标车型管理制度

为了约束道路客货运输车辆的燃料消耗量，同时帮助道路运输企业合理选择节能车型，有效降低道路运输业的能源消耗，交通运输部颁布实施了《道路运输车辆燃料消耗量检测和监督管理办法》，对总质量超过3500kg的道路客货运输车辆实行燃料消耗量达标车型管理制度，即道路客货运输车辆的燃料消耗量应满足限值要求，并定期公布《道路运输车辆燃料消耗量达标车型表》。不符合要求的车辆（未列入《燃料消耗量达标车型表》或者与《燃料消耗量达标车型表》所列装备和指标要求不一致的），县级以上道路运输管理机构不对车辆配发《道路运输证》。

二 车辆使用的影响与节能方法

1 车辆使用的影响

新车在磨合期使用不当，比如长时间高速行驶、发动机长时间高转速、超载运输等，会导致车辆机件磨损加快、紧固件易松动等情况，增加燃料消耗。

车辆燃料的选择对车辆技术状况、油耗和尾气排放具有较大的影响。比如，在低温条件下，汽油雾化效果差，高牌号柴油的流

动性不好，起动发动机会变得困难，增加燃料消耗；选用劣质燃油，会增加燃料消耗，还会损坏发动机。

轮胎对汽车滚动阻力的影响很大，包括轮胎类型、轮胎花纹深度、轮胎气压等因素。子午线轮胎与普通斜交轮胎相比要节约燃料，当轮胎气压高于或者低于标准气压时，汽车的滚动阻力均会增大，增加燃料消耗。

车辆维护不当出现技术状况不良时，比如空气滤清器太脏、火花塞有积炭或不工作、车轮定位不准、传动系出现异响、消声器破损等，都会不同程度地增加燃料消耗。

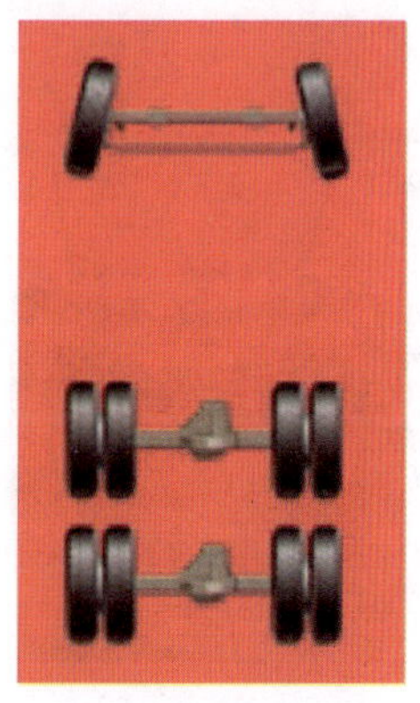

轮胎定位不当

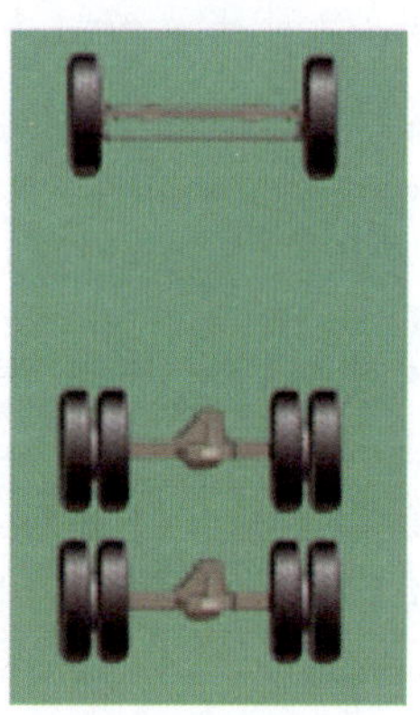

轮胎定位正常

2 车辆使用中的节能方法

按照要求做好车辆的日常检查和维护、一级维护和二级维护，及时更新或淘汰燃料消耗量、汽车尾气污染物排放不符合要求的车辆。驾驶处于磨合期的新车时，应根据车辆使用说明书使用和维护车辆，避免超载、长时间高速行驶等驾驶行为。

根据车辆使用说明书、车辆所经区域的气候条件等，选择正确的汽、柴油牌号。对于柴油汽车，驾驶员主要依据车辆行经地区风险率为10%的最低气温来选择柴油的牌号，一般以低于当地最低气温4～6℃为宜。比如，0号柴油适合于最低气温在4℃以上的地区，−10号柴油适合于最低气温在−5℃以上的地区。

经常低速行驶的汽车适宜采用加深花纹或超深花纹轮胎，经常高速行驶的汽车不宜采用加深花纹和横向花纹的轮胎，以防轮胎过分生热造成早期损坏。对于大型车辆，可使用新型宽截面轮胎代替双胎，用无内胎轮胎代替传统的有内胎轮胎。

三 车辆运行条件与驾驶习惯的影响及节能方法

1 车辆运行条件与驾驶习惯的影响

汽车行驶时，发动机转速和车速都存在一个经济区间，当发动机转速、车速过高或过低时，燃料经济性都会变差，燃料消耗量会增加。比如，汽车在山区道路或低等级公路行驶时，车速普遍较低，燃料消耗量相对要高。

驾驶员经常采取的急加速、紧急制动操作、长时间低挡位行驶、长时间停车怠速行驶以及频繁变更车道等驾驶行为，不仅会影响行车的安全和乘员的舒适性，还会明显地增加车辆燃料消耗，甚至会增加33%的燃料消耗。

在低温条件下，发动机缸内润滑油的黏度变大，发动机起动受到的阻力增加，磨损加剧，此外，燃油不易蒸发雾化，燃烧不充分，导致燃料消耗增多。在高温天气条件下，为了增强车辆运行中的舒适度，往往开启空调，额外地增加了燃料消耗。

超载行驶对行车安全与燃料消耗都会产生影响，比如，动力性下降、零部件磨损加剧、车轮定位参数变化、制动失灵、制动距离延长、轮胎爆裂、较高的燃料消耗。货车装载超高或超宽时，因货物突起部分改变了车身的固有形状，不仅使重心发生偏移，易发生侧翻或剐蹭事故，而且还会因空气阻力徒增而增加燃料消耗。

2 车辆运行中的节能方法

驾驶员要注意交流、学习节能驾驶方法和经验，改善自身的驾驶习惯，采用防御性驾驶方法，保持车辆运行平稳，避免长时间低挡位行驶、长时间停车怠速运行、急加速、急减速和频繁变更车道等不良驾驶行为。

第二节 节能与环保驾驶方法

江苏省地方标准《汽车驾驶节能操作规范》（DB 32/T 2075）针对不同驾驶环节，提出了汽车节能驾驶操作要求。本节中，驾驶员通过学习掌握汽车起步、行驶速度控制、转向操作、停车、货车装载等节能驾驶操作方法，能够达到减少车辆运行燃料消耗的目的。

一 做好行车规划

在城市道路内驾车，驾驶员要提前规划好出行路线，尽量错开车流高峰时段，避开繁华街道、学校、医院、平交路口等交通拥堵路段。长途行车时，驾驶员要选择公路等级高及距离短的行车路线，备用行车路线，积极采用防御性驾驶。

二 汽车起步操作

1 低温条件下先预热再起动

在常温情况下，车辆无需专门预热即可起步。在大气温度或发动机温度低于5℃的低温条件下，起动发动机后在原地怠速运转20～60s，车辆进行适当预热后再起步。

道路运输车辆多装备有增压系统的柴油发动机，在发动机起动成功后，应先保持发动机怠速运转60s以上，使增压器轴承和旋转机件得到充分的润滑，在此期间不要使发动机高速空转。

对于电喷发动机而言，怠速预热过程的喷油量由发动机ECU自动控制，因此，起动过程中不需要踩加速踏板给发动机提供额外的燃油。

2 平稳起步

起步时，驾驶员应使用1挡（动力性好的客车或货车空载时也可使用2挡），轻踏加速踏板，缓抬离合器踏板，避免“大油门”，既保证车辆得到足够的起步驱动力，又获得较好的燃油经济性。

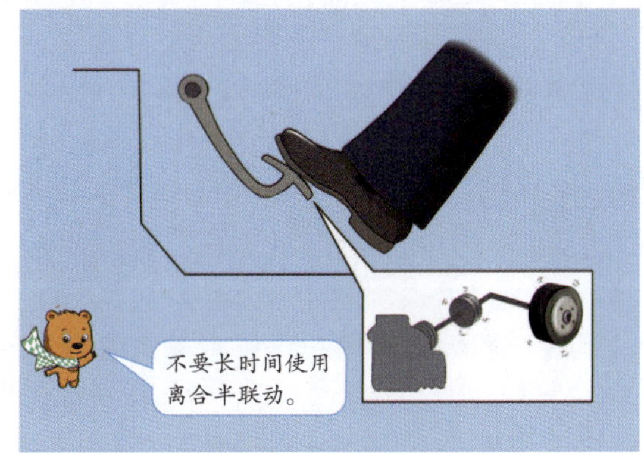

在气温较低时，汽车起步后，还应以20～40km/h的速度平稳行驶1～2km，使车辆底盘得到充分预热后再以正常速度行驶。在冬季严寒天气条件下，低速平稳行驶的距离应适当延长至3～4km。

三 行驶速度控制

1 速度控制的基本原则

在交通流量不高的道路上行驶时，要根据道路条件、交通状况、车辆性能、车辆载重等情况控制好车速。在预定速度下，尽量选择高挡位，使发动机在经济转速区域内平稳行驶，并保持好加速踏板的位置，避免加速踏板位置来回变化。

遇到交通高峰时，尽可能做到“缓速行驶”，这样比反复的“停车、起步”更省

油。加速或减速时，尽量采用柔和的驾驶方式，避免急减速、急加速和频繁变更车道、加塞。

保持适当的车距是安全、节能驾驶的基本前提，可以使驾驶员有更多的反应时间，使车辆更平稳地行驶。在普通公路上，跟车距离一般应大于汽车2～3s内驶过的距离；在高速公路上，跟车距离一般应大于汽车4s内驶过的距离。

2 换挡变速

汽车起步后，驾驶员要根据道路和交通条件及时加挡升速，尽可能用高挡行驶。行车中应遵循“高速挡不硬撑，低速挡不硬冲”的原则，当发动机有反拖感或发动机的转速低于经济转速区域（一般柴油发动机转速为1200～1500r/min，汽油发动机转速为2000～2500r/min）时，迅速降低挡位；而当踩加速踏板车辆加速不明显或发动机的转速高于经济转速区域时，及时增加挡位。

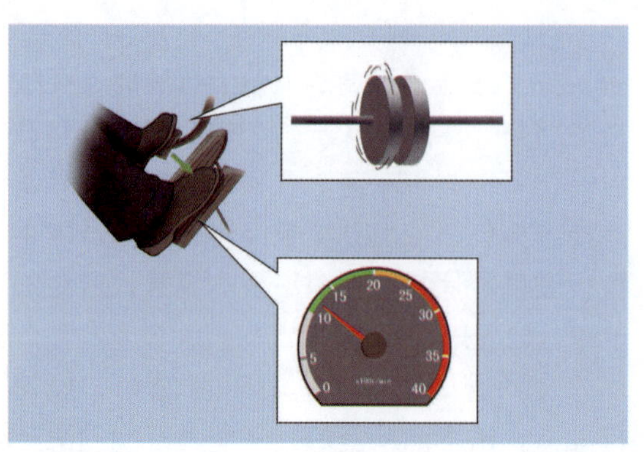

加挡、减挡操作力求及时、迅速、准确，避免挂错挡或挂挡不入；选择最佳时机换挡，保持发动机转速始终在绿色经济转速区域运转，且转速没有较大的波动。

柴油车上坡行驶，如果坡道不长、交通条件允许且用最高挡能够冲上坡顶，不应换入低挡。当坡道较长或坡度较大、最高挡不能爬过时，应在适当时机逐级减挡，使换入低挡后，以发动机转速在绿色经济转速区域运转，且转速没有较大的波动为宜。

3 加速和减速

在操作加速踏板时，驾驶员要做到“轻踏、缓抬”，避免猛踏、猛抬加速踏板和加“空油”。由于柴油车的加速敏感性较差，因此，驾驶柴油车时要比汽油车更强调缓踩加速踏板。

加速时，以发动机的声音增高较柔和、发动机转速平稳增加为宜。当发动机出现“闷”的吼声，说明加速过量，驾驶员应稍抬加速踏板。

需要主动减速或者停车时，如会车、避让障碍物、通过交叉路口、下坡、车辆进站、预定地点靠边停车等，驾驶员要判断距离、车速，提前松抬加速踏板，保持挡位，依靠发动机的阻滞力减速滑行，必要时用行车制动增加减速强度。

遇到紧急情况时，驾驶员应采用先急后缓的方法进行制动，就是先急速踩下制动踏板，然后根据发生情况点的距离慢慢调整制动踏板，调节制动力。待情况解除，换入合适的挡位后，再踩下加速踏板正常

行驶。

四 转向操作

在汽车行驶过程中，驾驶员应尽量保持直线行驶，不频繁变更车道或来回转动转向盘。驾驶员操纵汽车转向时应平顺，提前50～150m开启转向灯，避免突然变向或急转弯操作。

变更车道时，驾驶员应在确认与前后左右的汽车处在安全距离的情况下，提前开启转向灯，再次确认安全后，平稳地转动转向盘以较大的行车轨迹缓加速驶向另一车道。

五 停车熄火

需要长时间停车时，驾驶员要及时关闭发动机，具体要求如下：

（1）装配非增压发动机的汽车在路口停车等待通过、上下乘客、装卸货物等需要停车超过60s时，应将发动机熄火。如果路口信号灯没有计时显示，排在偏后的车辆应将发动机熄火。

（2）完成高速行驶或爬长坡后，装配非增压发动机的汽车停车时应怠速运转30s以上再熄火；装配增压发动机的汽车停车时不应立即熄火，而应保持发动机怠速运转3min以上，待发动机充分冷却后再熄火。

停车时，驾驶员应注意以下事项：

（1）要准确判断车辆停放的位置，尽量做到一次停车到位，减少停车时的移车次数。

（2）避免在上坡、积水、结冰或松软的路段上停车。

（3）冬季中途停车时，尽量避免汽车发动机迎风停放。

六 货车装运

出车前，要检查并清除车厢内不必要的负重，减少燃油消耗。货车装载时，要严格按照货车核定的载质量进行装载，并对货物进行必要的捆绑和固定，覆盖严实，严禁超载和货物超高、超宽。

七 高温条件下行车

高温条件下，节能驾驶操作方法包括：

（1）行驶中，保持发动机冷却液在80～95℃的正常温度范围内。汽车长时间上坡或长时间高速行驶，致使发动机冷却液温度报警时，驾驶员应停车怠速或小负荷、低速行驶，使发动机冷却液温度慢慢降到正常区域。

（2）气温适宜的条件下，汽车以低于60km/h的速度行驶时，开窗通风相对省油；当汽车以高于80km/h的速度行驶时，开启空调并保持车内温度为26℃，这样既能满足乘车的舒适性，又能节约燃料消耗。

第三节 汽车节能新技术使用常识

近年来，随着社会对节能减排的日益广泛关注以及车辆技术的快速发展，具有节能、环保特点的节能新技术在道路运输行业得到了广泛的应用。本节中，驾驶员通过学习了解汽车发动机节能技术、车身轻量化技术、降低车辆空气阻力技术、驾驶行为监测与分析技术等节能新技术的应用知识，能够更好地发挥汽车新技术在道路运输行业的作用。

一 发动机节能技术

为了提升车辆发动机的工作效率，减少尾气排放，废气涡轮增压、高压共轨、尾气处理等技术得到广泛应用。

1 废气涡轮增压技术

废气涡轮增压是指通过涡轮回收部分发动机排气能量，驱动压缩机对发动机进气进行压缩，使小排量发动机获得更多的进气量，从而达到与较大排量自然吸气发动机相当的功率水平的技术。涡轮增压技术在保证发动机动力性的前提下，减小了发动机排量，大幅改善了发动机的经济性，降低了CO_2气体的排放。在具有相同功率的前提下，增压发动机的排气量可比自然吸气式发动机的排气量减小18%～35%，燃油经济性可提高10%左右。

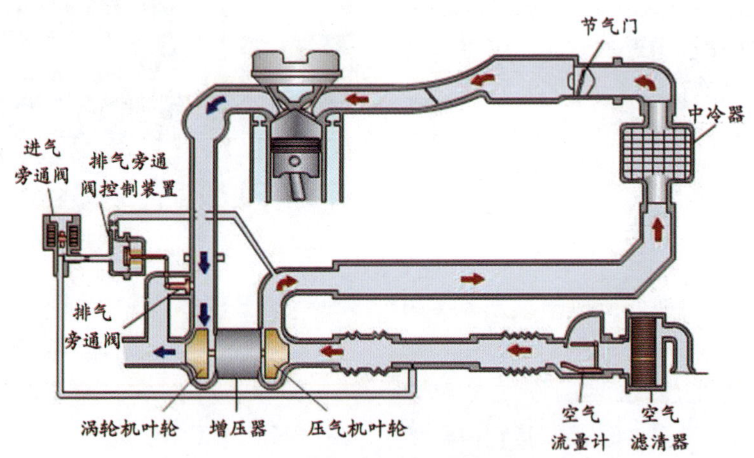

单涡轮增压系统示意图

增压器利用发动机排出的废气进行工作，其工作环境温度较高，因此，在使用涡轮增压发动机时，应注意以下事项，以保证涡轮增压系统的冷却和润滑：

（1）起动发动机时，应在原地保持发动机怠速运转1min以上，冬季气温较低时应适当延长怠速时间，使冷却液温度升高，润滑油流动性变好，从而使涡轮增压器得到充分润滑。

（2）停车后应保持发动机怠速运转3min以上，待发动机充分冷却后再熄火。汽车长时间高速运转后，涡轮增压器处于高温状态，如果此时突然熄火，润滑会中断，涡轮增压器内部的热量无法被润滑油带走，会损坏涡轮增压器。

（3）选择抗磨性好、耐高温的润滑油，这样可以保证涡轮增压器在高温和高速环境下的有效润滑。

（4）保持空气滤清器、机油滤清器等的清洁，防止灰尘和杂质进入涡轮增压系统中造成磨损。

2 尾气后处理技术

道路运输车辆主要装配柴油发动机，其主要排放污染物是微粒（PM）和氮氧化物（NO_x）。为了达到我国第四阶段汽车尾气排放标准，通常是采取尾气后处理的方式来降低污染物的排放量。

常用的尾气后处理技术是选择性催化还原技术（简称SCR技术），即在尾气净化系统的基础上，加装一套调节尾气处理液喷射量的喷射和控制系统（简称SCR系统）。SCR系统包括装载柴油机尾气处理液（国内俗称车用尿素，是SCR技术中必须要用到的消耗品）的尿素罐、SCR催化反应罐。

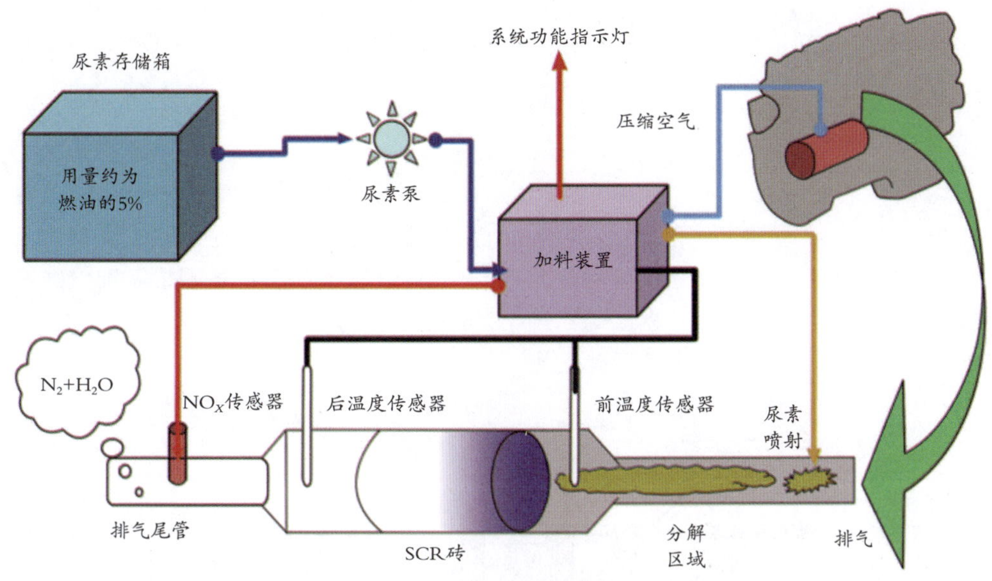

尾气后处理装置

当监测到排气管中有氮氧化物（NO_x）时，SCR系统的尿素罐会自动喷出尿素水溶液，尿素水溶液和氮氧化物（NO_x）在SCR催化反应罐中发生氧化还原反应，生成无污染的氮气和水蒸气排出。采用尿素-SCR净化方案的发动机，可以节约5%～7%的燃油，降低50%以上的NO_x排放。

对于安装有SCR系统的车辆，驾驶员在操作过程中需要注意以下问题：

（1）在发动机熄火后，SCR系统的计量喷射装置还需要在供电状态下抽干喷射管道中的残液，以防尿素结晶堵塞。因此，熄火后仍应保持通电状态1min以上，再拔取车钥匙。

（2）虽然SCR系统的故障不会影响发动机的正常工作，但系统不正常工作或停止运行时，车辆排放将不能达标，因此，驾驶员应严格按照发动机生产企业的要求对系统进行维护。

二 车身轻量化技术

车身轻量化就是在保证车身强度和安全的前提下，尽可能地降低汽车的质量，从而提高汽车的动力利用率，减少燃料消耗。汽车轻量化主要使用高强轻质的新型材料，采用先进的制造工艺，通过优化车身结构及零部件结构的轻量化设计，来实现轻量化，包括车门、门框、驾驶室整流罩、轮毂等部件的轻量化。

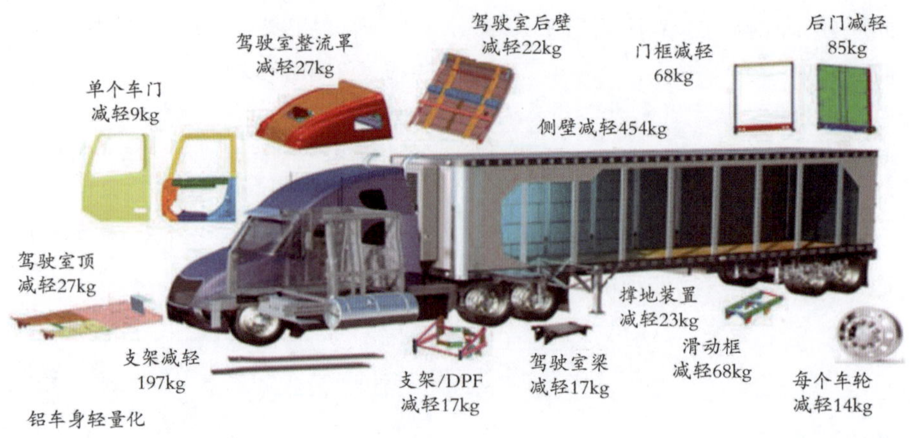

三 降低车辆空气阻力技术

目前，随着道路条件的改善和车辆速度的提高，车辆空气动力学的研究逐渐受到汽车生产企业的关注，通过优化车身设计来降低空气阻力的技术不断发展，比如，客车采用流线形设计，货车通过改进后视镜、驾驶室延伸、车顶整流罩、侧裙等部位的设计来降低空气阻力。

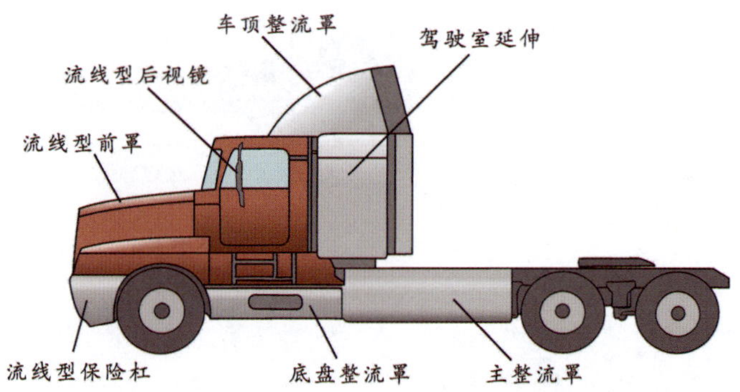

四 驾驶行为监测与分析技术

随着控制器局域网络（CAN）总线和车辆自动诊断（OBD）系统在汽车上的广泛应用，车辆生产企业纷纷推出了基于车载运行监控系统的驾驶行为实时监测和分析技术，并在道路运输车辆上得到快速应用和普及。驾驶行为监测与分析技术系统主要包括车载终端、通信模块、数据库和应用平台四个部分。

系统通过车载终端采集发动机运行数据、车辆状况信息、驾驶员的操控信息及GPS卫星定位信息等，并将这些信息实时传递到数据处理中心进行处理，形成以下管理功能：

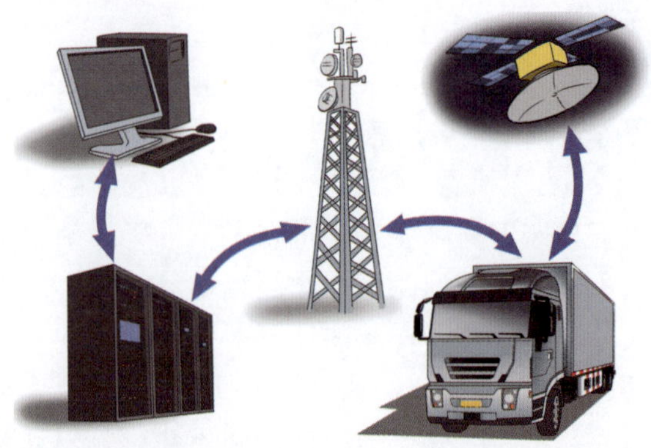

（1）不良驾驶行为分析和管理。通过对车辆运行的轨迹、车速、方向等数据和状态实时监控，分析车辆危险和潜在危险操作，指导驾驶员规范驾驶。

（2）车辆燃料消耗分析和管理。通过采集车辆速度和挡位信息、瞬时油耗、累计油耗、发动机运行绿区比例、空调使用等车辆油耗和车辆运行状态信息，分析车辆运行过程中可能导致高油耗的驾驶操作方式，指导驾驶员节能驾驶。

五 液化天然气汽车使用常识

液化天然气（以下简称LNG）的主要成为是甲烷，是气态天然气经净化处理后，在常压下气态天然气经深冷至-162℃，或经预冷与加压相结合的方式使其液化，而凝结成液体形式。

天然气发动机与传统的汽油发动机相似，都是通过高压点火燃烧做功，但燃料供给系统（也称为LNG发动机专用装置，包括燃料加注系统、车用储气瓶、汽化器、稳压器、滤清器、热交换器、节温器、喷射阀、混合器、电子节气门、自增压装置和液位计等部件）有很大的区别。LNG发动机是气瓶内的LNG液体在瓶内压力作用下从出液管路流向汽化器，经汽化器加热实现液态向气态转变，然后经稳压器稳压后流入燃气滤清器，再进入热交换器，最后通过喷射阀控制喷射入混合器中，与增压冷却后的空气混合，进入发动机汽缸内燃烧做功，给汽车提供动力。

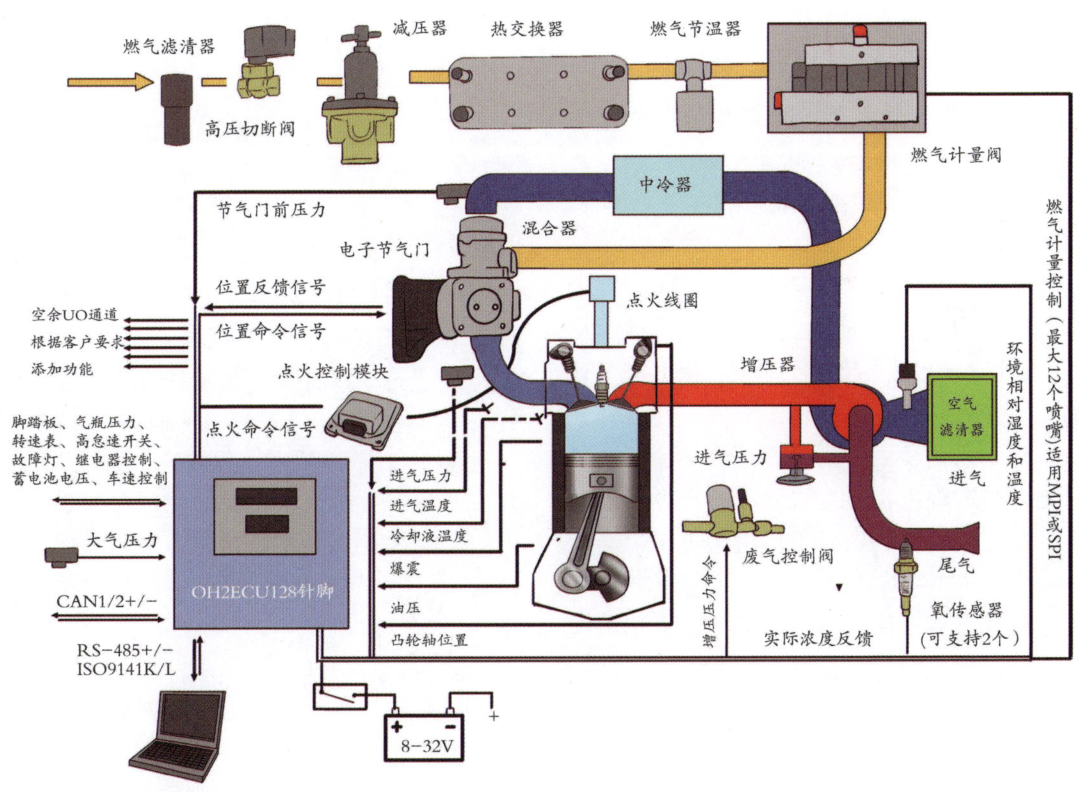

LNG汽车具有动力性良好、续驶里程长、可使用性好的优点，同时，也具有易蒸发、易泄漏、易燃和低温灼伤等缺点。驾驶员使用时需要注意防泄漏、防范明火，加注燃料时避免低温灼伤等。

1 燃料加注

驾驶员要尽量选择有燃料计量检定有效标识、气源质量好（甲烷含量高、氮气含量

低等）的加液站进行燃料加注，并根据车辆使用情况合理安排燃料加注，避免加注燃料后长时间停放，造成燃料自然排空损耗。

在进行燃料加注时，驾驶员要注意以下事项：

（1）汽车进加液站前，引导车内乘员全部下车，在加液区外休息处等候。

（2）将汽车按指定方向进入加液区，缓慢进入加液位置后停车，拉紧驻车制动器操纵杆，发动机熄火，关闭电源开关，打开加液舱盖做好加液准备。

（3）加气前，驾驶员要配合加气人员检查加液口清洁、无水分和杂质，确认车用气瓶的接地线与加液站的接地线连接好，供气系统无异常情况。

（4）在加液中，不得超压加注，充装压力不得超过1.5MPa（MPa为压力单位）；单次充装时，要留有余量，气量不宜超过车用气瓶容积的90%。

（5）检查确认加液枪与加液口及回气枪与回气口完全脱开，加液舱盖已经盖好，才能起动车辆，驶离加液站。

2 汽车驾驶

在起动发动机前，先接通电源，检查燃气泄漏系统工作正常，检查各仪表指示正常，等待3～5s后再起动发动机，保证燃气管路内能够充满燃气。

起动发动机后，先怠速预热，检查燃气管路无结霜现象，检查机油压力和冷却液温度，冷却液温度达到40℃后再起步。起动发动机后，不要猛踩加速踏板。

确认燃气系统无泄漏，燃气压力和燃气量正常，空气压力过低报警灯已经熄灭，制动气压表气压至少达到0.55MPa以上，再进行车辆起步操作。

在行驶途中，驾驶员要观察机油压力、温度、气压等仪表是否正常，观察燃气压力和液位计量表的变化情况，注意有无异常的声音和异味，采取安全、文明的驾驶操作方法。

发动机熄火前应怠速2～3min再熄火，熄火前必须先关闭空调、灯光等用电设备，避免高速、大负荷运行状态下突然熄火。

3 车辆停放

临时停车时，驾驶员要选择通风良好、远离火源的非密闭区域。安全停车后，要关闭点火开关，切断电源。连续停车2h以上时，应关闭气瓶截止阀，有自增压装置的，还应关闭增压截止阀。

车辆停放期间，要有专人在车辆周边进行巡检，发现气体泄漏及时处置。

4 应急处置

车辆行驶中，如果发生轻微的天然气泄漏，应立即安全停车，关闭点火开关，开启应急灯；检查泄漏部位，并立即关闭气瓶手动截止阀；疏散人员，隔离现场，隔离火源。

小知识

LNG车辆专用装置检漏方法

LNG车辆专用装置的阀门、管路等连接处密封性的检查可以用肥皂液检漏。驾驶员先对阀门和管路的连接处喷洒肥皂液，然后观察其是否有气泡产生，观察时间宜不少于1min。

如发生碰撞事故，应立即安全停车，开启应急灯，检查气路是否受损；如受损，应关闭点火开关，切断电源，关闭气瓶手动截止阀，同时疏散人员，隔离现场，隔离火源。

5 车辆日常检查与维护

要根据车辆使用说明书和车辆使用情况合理制定车辆维护周期，按照要求进行LNG汽车的日常维护、一级维护和二级维护。驾驶员不得擅自改装燃气汽车系统，包括：拆装燃气系统装置、车用气瓶，改变系统装置和车用气瓶的位置或方向，废弃加气口保护盖。

出车前，驾驶员除按传统汽柴油车辆的检查要求进行车辆检查外，还应检查以下项目：

（1）检查气瓶与支架、燃气管路与支架固定是否牢固，天然气气管接头是否漏气。

（2）检查传感器接头是否松动，线束是否有脱落靠近排气管，是否有磨蹭、拉拽。

（3）检查燃气管路是否有磨损、裂纹。

（4）检查各橡胶水管是否有老化、裂纹、压瘪。

（5）检查燃气表压力是否正常，LNG车辆燃气压力需高于0.7MPa。

（6）查看前一天车辆运行、维修、加液等相关记录，观察气压表和液位量显示，判断气瓶内的存液量是否满足运输任务要求。如发现气压表反映异常升至1.5MPa及以上时，应送修理厂进行维修。

收车后，驾驶员应注意以下事项：

（1）关闭点火开关，切断电源，查看并记录气表压力读数和液位量数值。

（2）检查LNG专用装置各部件工作状态正常，无松动、泄漏、损坏。

（3）检查气瓶及固定支架固定牢固、无损伤，静电释放带接地。